선생으로 산다는 것은

헌사

평생의 동반자이자 도반이며 후견인인

아내 김희숙 선생에게 이 책을 바칩니다.

선생으로 산다는 것은

초판 1쇄 발행일 2023년 12월 8일

글   김창수
펴낸이   김완중
펴낸곳   내일을여는책
편집총괄   이헌건
디자인   김다솜
관리   장수댁
인쇄   아주프린텍
제책   바다제책

출판등록 1993년 1월 6일(등록번호 제475-9301)
주소   전라북도 장수군 장수읍 송학로 93-9(19호)
전화   063) 353-2289
팩스   063) 353-2290
전자우편 wan-doll@hanmail.net
블로그   blog.naver.com/dddoll
ISBN   978-89-7746-893-1(03370)

어느 대안교육 운동가의 자전적 교육에세이

선생이란 무엇인가 ❷

선생으로 산다는 것은

| 글 김창수 |

내일을여는책

목차

들어가는 말

•

사람은 누구나 여러 가지 얼굴을 하고 산다. 나도 학생, 주사(공무원), 총무(보육원), 선생, 교수, 환경운동가, 소장(연구소), 시인, 목사, 수행자 등 여러 얼굴을 번갈아 바꿔가며 살아왔다. 그중에서도 선생 얼굴을 하고 산 지는 어언 46년이 되었다. 내 삶에서 선생은 가장 긴 세월 동안 유지되어 온 얼굴이었다.

1977년 보육원 아이들을 대상으로 하는 야학 활동을 시작으로, 이후 가난해서 정규학교에 다닐 수 없어 보리 수확 때 보리 한 말, 쌀 추수 때 쌀 한 말을 내는 장성 '삼동고등공민학교' 선생 노릇을 하였다. 1990년대에는 서울 '중앙고등학교'에서 교사 생활을 하다가 그만두고 무주 '푸른꿈고등학교'를 설립하였다. 2000년대에 들어서서 담양 '한빛고등학교' 교장, 함양 '녹색대학교' 교수, 광주 '지혜학교' 교장 역할을 하였다.

그런데 이런 서로 다른 교육 현장에서도 '선생이란 무엇인가'라는 질문과 대답은 결코 포기할 수 없었다. 그래서 이 책 『선생으로 산다는 것은』은 내 평생의 교육활동 과정 중에 형성된 교사론으로, 특히 '녹색대학교' '교사론 세미나'에서 구체화되었고 내 마지막 교육 현장이었던 광주 '지혜학교' 현장에서 직접 펼쳐보고자 하였던 선생관이다.

•

'교육이란 무엇인가'에 대한 질문은 '선생이란 무엇인가'라는 질문과 직접적으로 연관되어 있다. 거기에 걸맞게 나는 이 책에서 선생의 정체성을 네 가지로 정리해보았다. 2021년에 출간된 『선생님, 당신은 어디 계십니까?』가 학생으로 살면서 내가 만났던 선생에 대한 이야기와 현장 선생으로 살면서 경험한 내 교육적 서사였다면, 이 책은 여러 교육 현장을 거치면서 정리된 내 선생관이다. 물론 내가 여기서 선생은 이런 것이라고 주장했다고 해서, 내가 그 경지에 이르렀다는 것은 아니다. 다만 거기에 도달해보고 싶은 마음을 가지고 선생 노릇을 했다는 뜻이다.

•

I부 〈선생이 된다는 것은〉에서는 열정적인 선생이 범할 수 있는 오류(1장)[1]와 선생의 지도력(2장)을 서술하였다. II부 〈선생님 당신은 누구십니까?〉에서는 선생을 상처 입은 치유자(1장), 인문 정신을 사는 자(2장), 영성적 존재(3장), 생태적 인간(4장)으로 서술하였다. 이런 배치는 우리 솔성수도회[2]가 만들어 운영해온 '지혜학교'의

---

1) 김창수, 『지혜를 찾는 교육』, 2013, 현자의 마을, p97~109에 실린 '진보적인 교사가 범하기 쉬운 오류'를 수정 보완

2) '솔성수도회'는 스님, 목사, 수도자, 선생 등으로 구성된 초종교수도회로서, 그 명칭은 『중용』 제1장 天命之謂性(천명지위성)이요 率性之謂道(솔성지위도)요 修道之謂教(수도지위교)라, 에서 차용함.

3대 교육목표인 철학·인문 교육과 생태교육 그리고 지혜교육에 부합하는 것이기도 하다.

이 책을 쓸 때 처음 생각은, 내가 생각하는 선생에 대해 다섯 가지로 써보고 싶었지만, 그중에서 '지식안내자로서 선생'은 기존 교육학에서 무수히 다뤄왔던 주제이기 때문에 굳이 나까지 나서서 왈가왈부할 필요성을 느끼지 못해서 쓰지 않았다.

부록으로 '문명의 전환과 새로운 교학의 필요성'[3]을 첨부하였다. 그 이유는 근대식 학교 교육제도가 종말을 향하여 가고 있는데, 아직도 공교육 강화만 외치는 교육당국의 시대착오적인 행태에 자그마한 균열이라도 내보고 싶었기 때문이다.

세계의 학생들은 팬데믹을 겪으며 학교에 가지 않아도 큰일이 벌어지지 않는다는 사실을 깨닫게 되었다. 또한 유튜브 등 디지털 세계에서 학교보다 더 양질의 학습활동이 가능하다는 것도 경험을 통해 알아차렸다. 그러나 보다 정확하게 이야기하면, 팬데믹 이전에 이미 교육이 학생들의 자기주도적 학습활동을 보장하는 방향으로 변화해오고 있었는데, 디지털 세계의 전개와 팬데믹이 그런 현상을 가속화시킨 것이다.

·

근대식 학교제도의 해체와 다양한 재구성은 불가피하다. 현재 우리는 근대로부터 계승해오고 있고 앞으로 그 대안을 마련해야 할

---

3) 2019년 5월, 수원시 지속가능재단 토론회에서 발표한 원고

각 영역의 과제들 앞에 서 있다. 대의제 민주정치에서 직접민주주의(정치)로, 신자본주의에서 공유경제(경제)로, 심각한 불평등사회에서 호혜적 평등사회(사회)로, 주체중심주의에서 서로주체성(철학)으로, 종교는 영성으로, 교육은 학제중심교육(6-3-3-4)에서 다양한 형태의 학습중심으로의 이행이 그것이다. 그러나 우리가 근대의 낡은 유산을 극복하는 일은 그리 만만치 않다. 그렇다고 해서 그 누구도 역사의 순방향을 거스를 수는 없다. 따라서 교육 부문에서도 선생 중심의 교육에서 학생 중심의 학습으로의 변화가 대세를 이루어야 한다.

'솔성수도회' 수도자들은 이 땅에 어른이 필요하다는 생각으로 수도회 산하에 광주 '지혜학교'를 만들었다. 우리가 상정한 어른은 '성찰적 지성인'으로 인문정신의 성취를 꾸준히 지향하고 실천하는 사람 그리고 인문정신을 뛰어넘어 초이성 영역의 현상적 자아를 여읜 사람으로 상정하였다. 우리 수도자들은 학생들의 잠을 깨울 수 있는 선생을 꿈꿨다. 그러기 위해 수도회 구성원과 학교 선생이 먼저 잠에서 깨어 있어야 한다고 생각했다. 교육의 질은 선생의 질이 좌우하기 때문이었다. 그에 부응하기 위해 '지혜학교 교사 10계명'을 만들었고 거기에서 우리는 선생을 '교육자'와 '수도자'로 상정하였다. 실제로 우리가 생각하는 선생님 상을 내놓고 지혜학교 선생님들과 함께 공부하고 토론하여 지혜학교 선생관을 정립하고 싶었지만 여러 가지 사정으로 그럴 수 없었음이 아쉬움으로 남는다.

·

이 책을 쓰면서 내가 내게 던진 가장 곤혹스러운 질문은, '서이초 등학교' 교사의 자살 등 수많은 교사 인권유린 참사(학부모나 학생들에 의한)가 사회적으로 큰 문제가 되고 있는 지금, '과연 내 이야기가 어떤 의미가 있을까' 하는 것이었다. 다행히 내가 선생 노릇을 했던 현장 거의 대부분은 광의의 대안교육 분야 쪽이어서 선생의 권위가 비교적 잘 보장된 곳들이었다. 그렇기 때문에 내 가치관에 따른 선생 노릇을 비교적 자유롭게 할 수 있었고 거기에 부합하는 내 선생관을 쓰는 것에 하등 문제가 되지 않을 거라는 생각이 들었다. 그리고 내 교육 경력이 말해주듯이 이 책은 꼭 제도권 학교 선생들만을 염두에 두고 쓴 것이 아니라 누군가의 선생 노릇을 할 위치나 상황에 처한 사람 모두를 염두에 두고 쓴 것이기 때문에 제도권 교육 현장에서 벌어지는 비극적 상황을 넘어설 수 있으리라 생각했다.

원칙적으로 교육 현장의 대부분 선생과 학생 그리고 학부모는 적대적 관계가 아니라 협력관계를 맺는 것이 정상이라고 나는 믿는다. 그러한 내 신념에 따라 내 작은 소망은, 이 책이 진보적 교육을 지향하는 학교 교사, 아이들을 지극히 사랑하는 학교 안팎의 선생, 대안학교 선생, 그중에서도 특히 비인가 대안학교 선생, 교육 발전을 희망하는 학부모, 사회 진화를 위해 헌신하는 활동가들에게 작은 의미가 될 수 있으면 한다.

　　　　　　　　　　　•

　33세 때 급성간염으로 쓰러진 이후 56세(2012년)에 간이식수술, 57세에 심장판막수술 그리고 뇌수술을 받고 투병생활을 하던 중, 금년(2023년) 1월 18일에 다시 골수형성이상증후군(혈액암)이라는 낯설고 위험한 병력을 하나 더 추가하였다. 이런 와중에 『선생으로 산다는 것은』을 쓴다는 것이 그리 만만치 않았다. 그나마 다행인 것은, 2003~2005년 녹색대학교에서 강의했던 '교사론' 세미나 원고가 대부분 남아 있었고 그동안 틈틈이 그것을 수정해왔기 때문에 글을 쓰는 데 큰 도움이 되었다.

　　　　　　　　　　　•

　원고를 모두 읽고 수정해 주신 김성수 광주일보 기자님(전)과 황경선 지혜의숲 원장님(전)께 고마운 마음을 표한다. 아울러 원고 내용에 대해 코멘트를 해준 김한중 솔성수도원 원장님과 윤승현 캔윌버연구소 소장님, 장동식 지혜교육연구소 소장님(전)과 투병 중인 이경옥 선생님, 출판을 맡아주신 '내일을여는책' 김완중 대표님께도 감사의 말을 전한다.

　　　　　　　　　2023. 9. 29. 추석날 아침에
　　　　　　　　　빛고을 광주에서 김창수

'아는 것이 힘이다'라는 말이 학교에서는 여전히 절대적 위력을 가지고 있는 오늘날의 상황에서 선생은 무언가를 끊임없이 섭취하도록 강제 당한다. 그렇게 지식을 전수받고 전수시키는 것을 유일한 사명처럼 부여받은 선생은 이제 스스로 지식 전달자의 전위 역할에 앞장서기 위해 끊임없이 능력을 키운다.

I 부

선생이 된다는 것은

1장

열정적인 선생이
범하기 쉬운 오류

개인이나 조직이 어떤 행위(생각, 말, 행동)를 할 때는, 의식적이든 무의식적이든 몇 가지 기준이 작동된다. 자신이나 조직 혹은 집단에 1)이익인가 손해인가, 2)상식적인가 비상식적인가, 3)정의로운가 부정의한가, 4)이념에 적합한가 부적합한가, 5)영성(지혜, 깨달음)에 기반한 것인가 에고에 기반한 것인가 등이 바로 그것이다. 그 중에서 일상적인 생활을 할 때 우리는 이익과 손해, 상식과 비상식까지를 자신의 행위 기준으로 삼는 것이 보통이다. 스스로를 진보적이라 생각하는 사람들은 이익과 손해, 상식·비상식, 정의와 이념까지 관심을 갖는 사람들이다. 그리고 교육행위에 영성의 시각을 적용하려는 사람은 인간의 한계(자아, 에고)를 넘어서 보려는 염원을 갖는 이들이다. 이때 그가 사용하는 영성의 개념은 지인무기(至人無己)[4]의 형태를 띤다.

　　그런데 스스로를 진보적이라고 생각하고 열정적으로 교육행위(생각, 말, 행동)를 하는 선생들이 자주 범하는 비교육적이거나 반교육적인 상황들이 있다. 이 장에서는 열정적인 교사가 범할 수 있는 아홉 가지 오류에 대해 생각해보고자 한다.

---

4) 불성, 아트만, 성(性), 영성과 같은 의미로 사용

1. 선생은 전지전능한 존재인가?

진정성과 열정을 가진 교사가 빠질 수 있는 오류 중 첫 번째는, '선생은 모든 것을 알아야 하고 행할 수 있는 존재여야 한다'라는 강박이다.

서울 중앙고등학교에 재직하던 1994년 봄에 학생들을 따라 경주로 수학여행을 간 적이 있다. 그때 '기림사'라는 사찰에서 '천수천안관음보살상'을 처음 보고 문화적으로, 심리적으로 큰 충격을 받았다. 불상이 우리가 일반적으로 보았던 것과 판이하게 다를 수 있다는 것도 놀라웠거니와, 손과 눈을 천 개씩이나 달고 해원의 자리에, 신원의 자리에, 병들고 외로운 사람들과 생명들에게 그 눈길과 손길을 보내는 존재라는 설명 앞에서는 저절로 고개가 숙여졌다. 더불어 관음상 앞에서 선생으로서의 초라한 자화상을 확인하면서 자괴감이 들었다. 나는 두 눈도 제대로 못 쓰고 두 손도 제대로 사용하지 못하는데, 천 개씩이나 되는 손과 눈으로 세상의 신음소리를 듣고 거기에 따뜻한 손길을 넣다니!

그 후 2년이 지난 1996년도 수학 여행길에서 다시 기림사를 찾았을 때, 나는 이전의 충격에서 어느 정도 벗어나 있었다. 중요한 것은 천 개의 손이나 눈이 아니라 자신이 가지고 있는 두 눈과 두 손을 제대로 쓰는 것이라는 생각이 들었기 때문이다. 귀찮은 상황이나 일 앞에서 두 눈을 감아버린 적이 얼마였나. 내 두 손을 필요로 하는 곳에서 모른 척한 적은 또 얼마인가. 그런데 눈이 천 개이고 손이 천 개면 그것이야말로 내게는 저주이고 재앙이 아닌가 하는 생각이 들면서, 두 눈과 두 손을 제대로 사용하는 것이 얼마나 어려운 일인가를 깨닫게 되었다. 그리고 두 손과 눈을 제대로 사용하기 위해서는 무엇보다 내 삶의 실상을 정견(正見) 하는 것이 먼저라는 생각을 하고 있었다.

두 눈과 두 손이라도 제대로 사용하면, 그것이 천 개가 되고 만 개가 되고 세상을 살리는 능력이 되는 것을! 전지전능을 지향할 것이 아니라, 두 눈으로는 아이들 내면에서 울려 나오는 본래적 자기이고자 하는 소리를 보아내고, 두 손으로는 복합적인 사회적 장치들과 어른들의 욕심으로 난자당한 아이들의 삶을 따사로운 손길로 토닥거리는 것이 지속될 때 선생은 천수천안관음보살로 부활하는 것이 아닐까?

'아는 것이 힘이다'라는 말이 학교에서는 여전히 절대적 위력을 가지고 있는 오늘날의 상황에서 선생은 무언가를 끊임없이 섭취하도록 강제 당한다. 그렇게 지식을 전수받고 전수시키는 것을 유일한 사명처럼 부여받은 선생은 이제 스스로 지식 전달자의 전위 역할에 앞장서기 위해 끊임없이 능력을 키운다. 그래서 선생들은 참 바쁘다. 아이들이 말하는 소리에 귀를 기울일 시간도 없고 아이들이 망가져 가는 모습도 눈에 들어오지 않을 만큼 바쁘다. 도대체 두 눈과 두 손이 왜 있는지를 물을 시간이 없다. 아이들에게 뭔가 하나라도 더 가르쳐주기 위해 더 많은 것을 알고 익혀야 하기 때문이다.

교육에서 두 눈과 두 손을 바르게 사용한다는 것은 아이들을 제대로 보는 것과 아이들 각자에게 맞는 손을 내미는 일일 것이다. 전지전능한 선생은 없다. 전지전능할 필요도 없다. 아이들은 어른들의 관심과 배려와 격려를 바라지, 많은 지식과 기능만을 전달받기를 원하는 게 아니다. 아이들은 지식 전달에서나 기능 전수에 있어 서툴지언정 자신을 적절한 방식으로 사랑해주는 선생을 원한다.

이윤추구에 필요한 지식만이 가치가 있는 유일한 것이라고 세뇌하는 문명 아래에서 선생들은 자신들이 배운 것을 아이들에게 전수시키는 역할 이상의 존재가 되는 게 거의 불가능하다. 그런 상황에도 불구하고 선생은 자본과 국가 이데올로기 너머를 볼 줄 알아야 하고, 그런 눈과 손을 아이들에게 건넬 줄 알아야 한다.

2. 교육은 '인간 행동의 계획적인 변화'인가?

두 번째로 교사가 해서는 안 될 것은 '공학도'의 역할이다. 오래전 오른쪽 손과 발이 장애인 후배 교사가 자신이 아끼는 분재라면서 소철 한 그루를 선물한 적이 있다. 평소 분재를 보면 너무나 가슴이 아파 먼 산을 쳐다보며 외면하곤 했는데, 부득부득 선물이라고 주는 것을 억지로 받았다. 집에 오면서 분재와 후배가 오버랩되면서 가르치는 자의 무지가 얼마나 큰 해악일까 하는 생각이 들었다. 분재를 보고 아름답다고 느끼는 자여, 그대의 미학적 감각에 침을 뱉고 싶다. 억지로 성장을 제어하고 조작하여 길들여진 존재인 분재, 어쩌면 그리도 우리 학생들과 닮았는지….

가부장적 권위주의체제 아래에서 '미인의 필수 조건'이라며 전족을 강제한 중국, 남편이 죽으면 같이 죽는 것이 아름다움의 극치라며 아내의 죽음을 강요했던 인도의 사티. 이 모든 것이, 교육은 '인간 행동의 계획적 변화'라 외치는 것과 연관이 없다고 할 수 있을까?

지배와 통제를 위해 의도된 목표나 목적을 강제하는 공학적 교육은 폭력이다. 고부가가치 생산을 위해 프로그램화된 교육을 무비판적으로 수행하는 교사, 그도 역시 한낱 공산품에 지나지 않는다.

교사는 학생들이 자신의 길을 찾다 동행을 요구하면 동행해주고, 딴짓을 하기를 원하면 기다려주고 그러다 '너는 할 수 있다'며 격려해주는 존재여야 한다. 학생이 자신의 결대로, 자신의 무늬대로 자랄 수 있도록 돕는 존재여야 한다. 아이들이 자라는 데 도움을 주는 존재여야지 아이들을 당대의 교육 이데올로기 지형에 맞추어서는 안 된다. 간음하다 잡혀온 여자를 보면서 예수는 "나도 너를 정죄하지 않는다"라고 말한다. 자기는 자기밖에 모른다. 자신의 길을 선택하고 가야 할 존재도 역시 자기 자신이다.

3. 윤리·도덕에 갇힌 선생

선생이 벗어나야 할 세 번째 함정은 '윤리·도덕주의자'로서의 자기정체성이다. 교사들은 대부분 가정이나 학교, 사회에서 모범생으로 성장기를 보낸 사람들이다. 교사의 도덕주의는 아이들을 질식시키는 촉매 역할을 한다(당대의 질서와 가치체계에 잘 길들여진 교사의 윤리의식 자체에 대한 것은 논외로 한다).

아이들 간에 임신한 경우를 상정해보자. 대부분의 교사가 보이는 반응은 '어린 것들이 싸가지 없이' '학교 명예에…' 등 윤리적이거나 전체 이익과 관련된 것이다. 임신이나 폭행 등의 사건은 학교뿐 아니라 누구에게나, 언제 어디서나 일어날 수 있다. 이런 경우, 사건 당사자도 충동적으로 벌인 사건에 스스로 당혹스러워하고 고통스러워하는데, 교사들은 아이들이 자신을 되돌아보고 이미 일어난 사건을 성숙의 계기로 삼을 수 있게 하는 대신 책망과 처벌로 자포자기하게 만든다.

특이한 것은 성과 관련된 사건에 교사들이 더욱 강경한 반응을 보인다는 점이다. 내가 재직하던 학교에서 일이다. 남학생 둘이 토요일 밤늦게 식당 주방에서 일하고 퇴근하던 아주머니의 가방을 낚아채다, 아주머니가 가방을 놓지 않자 폭행했다. 전치 4주 진단의 큰 사건이었다. 하지만 피해자 아주머니의 배려로 아이들은 경찰서 유치장에 며칠 있다 풀려 나왔고, 학교에선 아이들을 한 달간

정학을 시켰다. 그 뒤, (내가 학교를 그만두고 들은 이야기다) 남녀 학생이 기숙사를 뛰쳐나가 한 주일 동안 같이 있다 온 사건이 있었다. 그 아이들 중 여학생은 권고 자퇴를, 남학생은 겨우 퇴학을 면했다고 한다.

따지고 보면 가난한 아주머니의 돈을 털기 위해 폭력을 행사한 행동은 반사회적이고 훨씬 큰 책임을 물어야 할 사건이고, 아이들 끼리 눈이 맞아 기숙사를 나간 사건은 무단결석을 문제 삼을 수는 있지만, 둘이 좋아한 것은 사적인 것으로 볼 수 있지 않을까? 중요한 것은 그런 일이 아이들의 삶을 성숙시키는 계기로 작용할 수 있도록 돕는 길은 무엇일까를 묻는 것이다.

인생의 길목에서 수없이 벌어지는 일을 자양분으로 아이들은 자란다. 교사가 할 일은 '어떻게 하면 사건을 없게 할 수 있을까' 하는 고민이 아니라 아이들이 겪는 사건을 통해 아름다운 사람으로 커 갈 수 있도록 돕는 것이다. 책임을 묻는 일은 별개로 접근할 수 있어야 한다.

4. 선생은 만물의 척도인가?

네 번째로 교사들이 가져서는 안 될 태도로 '자신이 곧 만물의 척도'라는 생각이다. '프로크루스테스의 침대' 신화를 우리는 잘 알고 있다. 자신이 곧 길이요 진리라는 생각은 가치 있는 삶을 지향하는 사람들이 흔히 빠지기 쉬운 오류다. 나 역시 역사 교사로서 정의라는 이름으로 얼마나 많은 사람과 사건을 단죄하고 부정하였던가를 생각하면 지금도 얼굴이 후끈거린다.

나는 서울 중앙고등학교에서 세계사를 가르쳤는데(1992~1997), 학생들이 세계의 역사를 마르크스나 파울로 프레이리 류(類)의 '인간해방과 사회 · 경제적 해방'의 관점을 가지고 바라볼 수 있도록 하는 데 힘썼다. 당시 나는 비판적 역사교육의 정당성을 확보하느라 옳고 그름의 이분법적 틀 안에 갇혀 있었다. 하지만 그것이 자칫 증오를 재생산할 위험이 있음을 깨닫지 못했다. 식민사관에 대해 가르치면서 일본을 적대적으로 바라보는 시각을 노출했고, '양키' '쪽발이' 등의 정제되지 않은 언어를 구사했다. 그러다 어느 학생으로부터 심한 항의를 받았는데, 변명하기에 급급해서 그 아이의 말을 제대로 수용하지 못했다. 훗날에 와서야 학생들에게 '정의'라는 내 신념으로 나의 분노를 교육의 장에서 펼쳤던 것을 알게 되었다.

전교조 해직교사 출신인 친구로부터 자신의 신념을 우선하면서 범한 가슴 아픈 이야기를 들은 적이 있다[5]. 그 친구는 초임교사 시절 '체벌은 어떠한 경우도 안 된다'는 신념으로 학급을 운영했는데, 그 반에 참기 힘들 만큼 폭력적이고 거짓말을 일삼는 아이가 한 명

---

5) 이것은 '학생인권조례'가 제정되기 훨씬 이전의, 체벌이 허용되었던 시기의 예로 논쟁의 소지가 크지만 이야기의 주제를 풀어나가는 데 적당한 것 같아 싣는다.

있었다. 그 아이는 교육적 체벌이 오히려 좋지 않을까 하는 회의가 들 만큼 감당하기 어려운 아이였지만, 자신의 신념에 충실했던 그는 그 학생을 내버려두었다. 그런데 졸업 후 성인이 된 그 아이가 학교에 찾아와서 "너도 자식아, 선생이냐?" "그때 나를 당신이 때려주는 것이 사랑이었다"라고 외치더라는 것이다. 그때 '자기를 때려서라도 바로잡아 주었더라면 인생이 달라졌을 것'이라는 말을 듣고 그 친구는 자기의 신념을 버렸다고 한다. 교사가 자기의 가치와 신념을 절대화시켜 학생들을 잘못 인도하고 있는가를 늘 돌아볼 일이다.

주변에서 아이들을 학교에 보내지 않고 홈스쿨링을 하는 경우를 더러 본다. 자본과 국가 이데올로기에 함몰되고 학생 인권이 잘 지켜지지 않는 교육 현실을 잘 알고 있어 자기 자식들을 그 영향권에서 피하게 해주고 싶은 부모의 마음이 잘 헤아려진다. 그러나 홈스쿨링을 하기 이전에 먼저 부모들이 물어야 할 것은 학교 교육보다 더 인간과 생명을 존중하고 있고 교육적일 수 있는가, 하는 질문일 것이다.

아이들은 학교에 가고 싶어 하지만 부모의 신념이나 가치관 때문에 아이들을 학교에 보내지 않는 경우가 더러 있다. 부모나 교사가 한 개인의 삶에 대한 관여를 어디까지 해야 할지는 경우의 수에 따라 따져보아야 하겠지만, 부모가 믿는 것이 절대적으로 옳다는 생각은 독선이 아닐까? 아이에게 가장 적절한 선택이 무엇인가가 우선적 판단의 근거가 되어야 할 것이다.

5. 힘을 기르라니요?

한국에서 근현대 역사를 거치며 정치적으로 자유롭고 민주화된
세상, 사회경제적으로 정의로운 사회를 꿈꾸었던 사람치고 우리 자
신이 얼마나 왜소하고 무력한지, 절망을 경험하지 않은 사람은 없
을 것이다.

도산 안창호 선생은 일제에 강점당한 나라의 국민으로서 '힘을
기르소서'![6]라고 외쳤다. 자신과 이웃 그리고 자기가 속한 공동체
를 지킬 만한 힘이 없어 외세의 노예 상태로 전락한 상황에서 타당
한 말이라 생각한다.

그러면 외세의 직접적인 압제에서 벗어나 일정 정도 민주화가
이루어지고 물질적 풍요도 누리고 있는 오늘날이 안창호 선생이
살던 옛날보다 행복한가라는 질문 앞에 우리는 어떤 대답을 할 수
있을까? 힘이나 능력이 개인이나 집단의 행복을 보장하는 절대적
인 기준이 될 수는 없다.

사람마다 생김새나 성격적 특징들이 다르듯이 그가 가진 힘이나
능력도 각기 다르다. 어떤 이는 다른 사람에 비해 많은 힘이나 능력

---

6) 도산이 말한 힘은 '정치의 힘, 경제의 힘, 교육의 힘'이었다.

을 가지고 태어나고 어떤 이는 자신의 앞가림을 하기에도 모자랄 만큼의 힘이나 능력을 가지고 태어나기도 한다. 조직이나 단체를 들여다보아도 비슷한 현상을 만나게 된다. 어떤 조직은 막강한 힘을 가지고 있고 어떤 단체는 조직을 유지하기에도 어려울 만큼의 힘을 가진 곳도 있다.

그중에서도 특히 사회적으로 긍정적인 의미를 가질 만한 사람이나 단체가 힘이 약해 어려움을 겪는 것을 보면 정말 안타깝다. 그럴 때, 어떤 힘이 내게 있으면 도와줄 수 있을 텐데, 하면서 발을 구를 때가 많이 있다. 은연중에 우리는 우리의 왜소함에 대해 부정적인 생각을 하는 동시에 큰 힘이나 능력이 선이라는 생각을 하는 경우가 많다. 그러면 과연 힘이나 능력은 많고 큰 것이 좋은 것일까?

예수가 공생애를 시작하기 전, 자신의 삶의 지침에 대해 크게 세 가지를 점검하는 장면이 성서에 나온다.

예수는 자신이 무엇을 하러 세상에 왔는가를 묻느라 광야로 나갔다. 거기서 밥 먹는 것도 잊어버리고 40일 동안 고뇌하다가 기어이 자기의 해답을 찾아낸다. 그리고 새로운 운동을 시작하기 전에 다시 한번 자신이 방향을 잘 잡았는지 스스로에게 질문하는 장면이 마귀에게 세 가지 시험을 당했다는 설화적 형태로 표현된다. 그것은 경제적 힘(돌을 떡으로 만들고), 정치적 권위(마귀에게 절하면 세상 지배권을 갖게 되고), 나아가 종교적 카리스마(성전에서 뛰어내리면 하나님이 받아줄 것이다)에 대한 시험 즉, 해방의 실현에 대한 시험이었다.

그런데 예수는 그런 힘이나 능력을 선택하지 않는다. 그는 사랑으로 세상을 구원하는 길을 택한다. 세상에서 가장 연약하고 힘없는 얼굴로 사람들에게 다가가 그들로 하여금 자신 안에 내재한 신성을 깨닫고 그것을 드러내어 펼치라고 외친다. 세상에 평화를 가져다줄 힘은 바로 사랑과 자비라는 것을 보여준 것이다.

프랑스의 사회학자 부르드외는 인간이 가진 자본을 네 가지로 분류했다. 경제적 자본, 사회적 자본(관계능력), 문화적 자본(지식과 정보에 대한 전문성), 상징적 자본(종교 등의 영역에서 뛰어난 영향력)이 그것이다. 부르드외가 말한 것 이외에도 많은 자본이 있겠지만, 교사가 주목해야 할 것은 아이들 각자의 소질과 능력을 발견하고 거기에 합당한 힘을 기르도록 격려하는 것이다.

인간의 역사에서 힘이나 재능은 역설적으로 개인이나 집단을 망하게 하는 역할을 주로 담당해왔다. 돈이 많은 자는 돈에 대한 집착때문에 망하고, 권력을 가진 자는 권력을 사유화하면서 망하고, 명성을 가진 자는 그 이름을 지키려다 자기 정체성을 상실한다. 학식이 많은 자는 자기 학식의 논리적 완결성을 주장하느라 현실을 버려서 망하고, 팔등신 미인은 자신의 몸을 욕망을 충족하는 미끼로 사용하다 욕망에게 잡아먹혀 버린다. 힘과 능력은 그것이 크고 놀라울수록 잘못 사용될 때 폐해가 크다.

사실 힘이나 능력은 크고 작음 그 자체가 선이나 악이 아니다. 한

달란트 가진 자와 열 달란트 가진 자의 능력의 크기와 잘살고 못 사는 것 사이에는 필연적인 함수 관계가 없다. 그보다는 크건 작건 자신이 가진 능력을 개인적으로나 사회적으로 잘 사용하는 것이 중요하다.

학교에서 아이들이 자신의 힘이나 능력으로 풀기에는 너무나 힘든 일에 직면한 걸 보고 그 어려움을 해결해 줄 힘이나 능력이 있었으면 하고 생각해보지 않은 선생은 없으리라. 동급생이나 선배의 폭력으로 인해 고통받는 학생들이야 교사가 나서서 보호하고 책임 있게 해결해야 하지만 부모가 이혼을 해서, 경제적 어려움에 처해서, 질병 때문에 고통스러워하는 아이들을 마주하고 그 모든 것을 해결해줄 힘이 있다면 하고 생각해보지 않은 교사가 있겠는가? 이럴 때 교사가 할 수 있는 일은 그저 아이들의 이야기를 들어주고 함께 아파하고 같이 있어주는 것밖에 없다. 그런 극단적인 상황은 교사 개인의 범주를 떠나 가정과 사회와 국가 차원의 문제이기 때문이다.

6. 존중인가 숭배인가?

처음 교육현장에 부임한 새내기 교사가 겪는 어려움 중 하나는 아이들을 잘 사랑하는 것과 교사의 권위를 제대로 확보하는 문제일 것이다. 학교에서 배운 대로 아이들을 사랑으로 대하고 싶은데, 그렇게 하면 아이들이 교사의 권위를 망가뜨리고, 교사의 권위를 확보하려고 하면 학생들과 거리가 생기고…. 이런 진퇴양난의 상황에서 어떻게 할 것인가를 두고 초임 교사는 많은 고민을 한다.

그러다 어느 정도 시간이 흐르면 아이들을 껴안는 쪽에 무게 중심을 두는 경우와 권위를 통한 교육을 선택한 경우로 갈라진다. 여기서는 교사가 아이들을 따뜻하게 대하는 쪽에 무게 중심을 두는 경우의 문제점을 생각해보려 한다.

애정을 가지고 아이들을 바라보는 교사도 두 종류로 나뉜다. 아이들의 결을 존중하면서 아이들을 사랑하려는 교사와 자기중심성을 탈피하지 못하고 자의적으로, 주관적으로, 관습적으로, 그 시대의 지배적인 가치관에 입각해서 아이들을 잘 대해주려고 하는 교사가 그것이다.

대안학교 교사나 전교조 교사 등이 아이들의 편에 서서 아이들을 바라보고, 아이들처럼 생각해보고, 아이들처럼 느껴보려는 자세는 훌륭하다. 그런데 문제는 그러한 태도가 아이들을 존중하는 것인지 숭배하는 것인지 불분명할 때가 있다는 점이다. 교사의 이해심과 포용력과 헌신성은 고귀한 것이지만, 그것들이 지혜에 기반한 것인지 아니면 미덕에 불과한 것인지 구분할 필요가 있다.

전통적으로 우리의 어머니들은 미덕을 갖춘 존재들이었다. 아버지 · 남편 · 아들이라는 세 남자 군에 헌신하며 일생을 살았고, 그들의 삶에는 자아가 없었다. 무지를 극복하고 난 뒤 얻어지는 자아로부터의 탈피는 지혜(깨달음)에 속한 것이지만 자아가 분화되지 않은 상태로 세 남자 군에 귀속된 자아는 지혜가 아니라 무지다. 어머니들은 자신을 내어주는 희생으로 아름다운 삶을 살았지만, 어머니의 희생은 가부장적인 남성들을 해방시키기보다는 오히려 그들의 이기심을 충족시키는 자양분이 되었다.

교사의 사랑도 미덕의 영역에 속한 것인지 지혜의 영역에 속한 것인지 따져보아야 한다. 아이들을 존중하고 사랑한다고 하면서 그들을 숭배하여 학생들이 이기적으로 자라는 데 기여하고 있지 않은지 곰곰이 생각해보아야 한다. 존중하되 숭배하지 않아야 한다. 아이들은 숭배의 대상이 아니라 교육의 대상이다. 자연적 존재로서 아이들이 갖는 고유한 가치는 인정하되, 피교육자로서 아이들의 위치는 항상 기억해야 한다.

7. 다정도 병인 양하여

번데기가 나비가 되려면 자신의 전 존재로 힘겹게 이전의 세계를 탈피하기 위해 혼신의 힘을 다해야 한다. 사회적으로나 제도적으로 아이들이 좀 더 편안하게 살 수 있도록 노력하는 것은 놓칠 수 없는 일이다. 그러나 아이들이 성숙한 삶을 살기 위해서 겪는 고통은, 설사 우리에게 그만한 힘이나 능력이 있다 하더라도 함부로 치워줘서는 안 된다. 용을 쓰면서 자라는 아이들을 사랑의 눈으로 지켜보는 것이 우리가 가진 힘이나 능력보다 소중한 것이다.

한빛고등학교 교장 시절 만난 여학생 한 명이, 아버지가 미국 교환교수로 가는 바람에 함께 미국으로 가게 되었다. 그런데 낯선 이국땅에서 견디기가 어려워 자꾸 자신이 다녔던 학교 교사나 내게 전화를 했다. 그때 나는 어느 정도 그의 이야기를 받아주다가 어느날 작심하고 그에게 이제 전화 그만하고 거기서 적응해서 살라고 말했다.

> 미국에 처음 왔을 때, 나는 한국에 두고 온 친구들과 선생님이 너무나 그리워 선생님께 거의 하루 이틀 걸러 전화를 했다. 그런데 선생님은 한동안 내 전화를 잘 받아주시다가 어느 날 단호하게 "이렇게 전화를 계속하는 것은 네게 좋지 않아"라고 말씀하셨다. 사랑하는 어린 제자가 새로운 땅에서 잘 적응하고 뿌리를 내려 살아갈 수 있도록 그런 소리를 하신 것이었다. 그 후 선생님께서 충고하신 대로 선생님께 연락을 안 하고 미국 땅에서 나름대로 살아남으려고 애썼다. 너무 힘들어서 모든 걸 포기해버리고 싶을 때도 있었지만 선생님의 그 말씀이 나로 하여금 젖 먹던 힘까지 다해서 버티게 하고 성장시키는 데에 도움을 주었다. 성인이 된 지금 나는 간호사의 길을 걷고 있다.[7]

---

7) 김창수, 『선생님, 당신은 어디 계십니까?』, 내일을여는책, 2021, P215

아이들의 성장에서 가장 중요한 것은 아이들의 홀로서기다. 선생은 그런 아이들을 돕는 역할을 충실히 하면 된다.

8. 실패를 가르치라니요?

우리가 인생에서 배워야 할 핵심적 과제 세 가지는 사는 법과 사랑 그리고 죽음이다. 이 가운데 교육에서 가장 강조되고 있으며 학창 시절 내내 배워야 하는 것이 '사는 법'이다. 어쩌면 학교에서는 사는 법보다 더 중요한 나머지 두 가지 즉, 사랑과 죽음 학습은 뒤로 밀쳐놓고 온통 사는 방법에 대한 것을 배우게 된다. 물론 사는 법을 배우는 과정에서 사랑과 죽음 학습도 간헐적으로, 비체계적으로 이루어지기도 한다.

선생들은, 학생들이 사는 법을 배워가는 과정에서 성공적인 삶의 방법을 터득할 수 있도록 지식과 경험을 통해 안내하거나 가르친다. 이때 선생들은 교육을, 아이들이 자신의 성공 신화를 쓰게 하기 위한 과정으로 이해하기 쉽다. 전혀 틀린 말은 아니다. 세상의 아이들 하나하나가 모두 자신의 소질과 능력을 발견하고 거기에 적합한 삶의 방법을 터득하는 것이야말로 교육의 가장 중요한 덕목일 것이다.

그러나 인간은 끊임없는 장애에 부딪히며 살아야 할 숙명을 안고 태어난 존재임을 생각해보면, 성공 신화만을 강요하는 것이 온

당한가에 대한 질문이 저절로 튀어나온다. 아이들이 자라면서, 성인이 되어서 자신이 설정한 삶의 목표를 이루는 일은 결코 만만하지 않다. 수많은 실패와 좌절을 경험할 수밖에 없다. 아이들 개개인이 가고자 하는 길에서 부딪히는 장애뿐만 아니라 사회나 국가나 당대를 지배하고 있는 이데올로기를 극복해야 하는 경우까지 생각해보면 성공 신화라는 것이 오히려 기적에 가깝다는 것을 수긍할 수밖에 없을 것이다.

따라서 우리 어른들에게는 아이들로 하여금 실패와 좌절도 학습하는 것이라는 것과 아이들의 '실패할 권리'를 알릴 의무가 있다. 정상적인 사회에서도 자기 인생의 목표를 이루는 과정에서 수많은 좌절과 실패를 경험하면서 성공의 기술을 터득한다. 하물며 지금과 같이 모든 것을 상품화하는 자본의 전일적 지배하의 세계에서 개인은 좀처럼 자본의 강고한 벽을 넘어서기 어렵다.

> 항상 시도했고 항상 실패했다.
> 괜찮다. 다시 시도하라.
> 다시 실패하라. 더 낫게 실패하라!
>   – 사무엘 베케트, 『워스트 워드 호(Worstword Ho)』 중에서

삶이란 원래 모든 조건을 다 갖추어 놓고 펼쳐지는 것이 아니다. 부모가 가진 능력이 커서 비교적 수월하게 자신의 목표를 이루어

가는 아이도 있겠지만 그마저도 실패와 좌절을 경험하지 않고서는 이루기 어려운 경우가 있다. 신생아가 일어서서 걸을 수 있기까지는 수천 번의 넘어짐을 거쳐야 한다. 삶은 실패를 견디는 힘이 얼마나 강하냐에 따라 그 질과 폭과 깊이가 갈린다. 실패하게 두되 다음에는 더 낫게 실패하게 두라. 그래야 자신이 만난 장애물에 틈과 균열을 낼 수 있고, 운이 좋으면 그 장애물을 붕괴시킬 수도 있고 자신의 꿈을 이룰 수도 있다.

9. 칭찬보다 격려를

말에는 생명력이 있다. 말은 누군가를 살릴 수도 있고 죽일 수도 있다. 누군가에게 용기를 주기도 하지만 누군가의 가슴속에 깊은 상처를 남기기도 한다. 그래서 교육활동에서 선생의 말은 그 어떤 행위보다 중요하다. 『천수경』에서는 신구의(身口意) 세 가지 업 중 말로 짓는 악업 네 가지(망어, 기어, 양설, 악구)[8]가 가장 큰 업이라고 설파하며 말에 대한 경계심을 강조하고 있다.

성경도 수많은 곳에서 말에 대한 경계를 게을리하지 않는다.

---

8) 『천수경』에 나오는 '십악참회' 중 말로 짓는 네 가지 악업은 망어(妄語: 거짓말), 기어(綺語: 아첨, 꾸밈), 양설(兩舌: 이간질), 악구(惡口: 악담)인데 칭찬은 기어의 측면을 가질 가능성이 크다.

"배를 보라. 그렇게 크고 광풍에 밀려가는 것들을 지극히 작은 키로써 사공의 뜻대로 운행하나니, 이와 같이 혀도 작은 지체로되 큰 것을 자랑하도다. 보라 얼마나 작은 불이 얼마나 많은 나무를 태우는가? 혀는 곧 불이요, 불의의 세계라."

– 야고보서 3장 4~8절

교육활동에서 아이들이 뭔가 목표를 이루었을 때 칭찬을 하거나 어떤 목표를 향해 매진할 수 있도록 격려하는 것은 필수다. '칭찬은 좋은 점이나 착하고 훌륭한 일을 높이 평가함 또는 그런 말'이고 '격려는 의욕이 솟아나도록 북돋워 주는 것'(네이버 사전)이다. 칭찬이나 격려는 주로 말로 하는 것이다. 몸짓, 손짓, 표정, 미소, 유머, 선물, 침묵 등의 비언어적 표현도 있지만 칭찬과 격려의 주된 표현 수단은 누가 뭐래도 말이다. 여기서 주의할 것은 칭찬과 격려가 다르다는 사실이다.

"내가 서중학교 1학년 때 우리 어머니는 무더운 여름날 내가 공부하고 있으면 세숫대야에 시원한 물을 떠다 내 발을 씻겨주셨다."

내가 교장으로 있었던 어느 학교 선생 중 하나가 자랑스럽게 내게 들려준 말이다. 자신이 그런 존재인 줄 알고 자신을 거기에 걸맞게 대우해달라는 말이었다. 그가 다닌 광주서중학교는 광주·전남의 수재들이 모이는 학교로 초등학교에서 1등을 해야만 입학할 수 있는 학교였다. 그는 어렸을 때부터 마을에서 신동이라고 칭찬받았고, 그로 인해 그는 더욱 칭찬받기 위해 노력했다. 그 과정에서 그의 에고는 하늘을 찌를 듯이 높아만 갔다. 그는 자신에게 쏟아지는 칭찬과 보상을 당연한 것으로 여기고 있었지만 그런 그의 태도 때문에 조직에서 환영받지 못하는 존재로 취급당하고 있었다.

칭찬은 파르마콘(pharmacon)[9]처럼 약성으로도 독성으로도 작용할 수 있다. 교육활동에서 때로는 칭찬이 필요하다. 신생아들은 일상생활을 무리 없이 살아내기 위한 준비과정으로 8세 때까지 감각통합 과정을 거친다. 그런데 신생아들은 감각을 통합해가는 과정을 노동이 아닌 놀이로 한다. 그래서 신생아들은 수많은 실패를 경험해도 지치지 않고 자신이 도달하고자 하는 목표를 스스로 일구어간다. 이때 양육자들의 칭찬은, 신생아들이 도달하고자 하는 감각통합과정 즉, 몸을 뒤집는 것부터 시작해서 기고 일어서고 걷고 숟가락질과 젓가락질을 하는 것, 말하고 감정을 표현하는 것 등의 목표가 바르다는 것을 인정받는 과정과 절차가 된다. 그리고 이때 칭찬은 타 존재와 비교를 통해서 주어지는 것이 아니라 아이 자체만을 놓고 하는 것이기 때문에 자존감을 키워 줄 수 있다.

---

9) 그리스어 파르마콘(pharmakon)에서 왔다. 철학자 플라톤은 파르마콘을 '약'이며 동시에 '독'이고, '축복'이며 동시에 '저주'라는 의미로 썼다.

그러나 칭찬은 한편 나와 타 존재 간의 경쟁심을 조장하며 자기 중심성을 강화시키고 실패의 두려움을 조장한다. 칭찬은 칭찬받은 사람이나 집단을 제외한 나머지 사람들이나 집단을 소외시키기 때문이다.

칭찬은 과업 성취가 불가능하다고 여겨질 경우 중간에 포기하게 한다. 또한 칭찬에는 칭찬하는 사람의 지배욕이 작용할 수도 있다. 타인을 위한다는 명목으로 심리나 상황을 조작해 그 사람을 통제하고 조종하는 가스라이팅(gaslighting)이 일례이다.

그래서 아들러는 칭찬보다는 격려를 하라고 외친다. 아들러학파 사람들은 "칭찬은 고래도 춤추게 한다지만, 칭찬은 잘하는 고래만 춤추게 하고 격려는 우리 모두를 춤추게 한다"라고 말한다. 격려는 타인과 자신을 비교하여 그 차이를 차별로 바꾸는 것이 아니라 학생 하나하나가 가지고 있는 개성과 소질 그리고 마음씀씀이를 발견하고, 그것을 통해 아이들이 성장해갈 수 있도록 용기를 불어넣는 행위다. 격려는 각기 다름을 인정하기 때문에 조화로운 협동을 이끌어낼 수 있다. 격려는 칭찬과 달리 현재 자신이 성취도가 부족하다고 해서 중간에 포기하게 하지 않고 '불완전할 용기'(아들러)를 낼 수 있게 해준다. 아들러의 말처럼 격려는 학생들로 하여금 가슴 따뜻하고 용기가 있는 사람, 자기 충족성과 독립성을 가진 사람으로의 전환을 촉진시키며 불완전함을 수용하여 책임감 있게 삶을 선택할 수 있고, 타인과 더불어 건강한 공동체를 형성하며 협력하는 사람으로 성장할 수 있게 하는 에너지다.

　이상에서 우리는 열정적으로 아이들을 사랑하는 선생이 빠질 위험성에 대하여 생각해보았다. 선생은 사람 그 자체와 사람이 살아가는 이치에 대한 사랑이 아닌, 자신의 사상이나 신념, 특정 이데올로기나 신앙적 도그마를 사랑할 수 있다. 아이들을 대상화시키면서도 그것을 자각하지 못하거나 인정하지 않는 태도는 진보적 삶을 지향하는 교사를, 교육의 결과에 있어서 보수적 교사와 큰 차이가 없게 만들기 쉽다.

2장

선생의 지도력

인간은 관계적 존재다. 인간관계는 어떤 형태로든 서로 영향을 주고받게 되어 있다. 통상적으로 보면 선생은 학생들에게 능동적인 영향을 끼치고 학생은 수동적으로 선생에게 영향을 미치는 존재다. 그런 면에서 선생의 지도력의 질은 그만큼 중요하다.

선생이 지도력을 발휘하기 위해 절대적으로 필요한 것은 경청과 공감 능력이다. 선생이 그런 능력을 갖추고 있어야 선생과 학생이 원활하게 소통할 수 있고 선생이 학생들에게 긍정적 영향력을 발휘할 수 있다. 경청과 공감 능력을 기반으로 하는 선생의 선한 지도력이 행사될 때 학생들은 거기에 부합해서 자아 형성을 해갈 수 있을 것이다.

1. 교학상장의 세계

현대사회는 과학 · 기술이 이끌어 가는 사회다. 인문 · 사회과학이, 빠른 속도로 발달해가는 과학 · 기술을 도저히 따라갈 수 없어 문화 지체 현상이 누적적으로 발생하고 있는 세계다. 그런 가운데 농업문명에서 지혜자로 통했던 노인들이 산업문명에서는 아무 쓸모가 없는 것처럼 보였듯이, 현대사회에서 아날로그 문화를 벗어나기 힘든 중년 이상의 세대는 디지털세계의 젊은이들로부터 비슷한 취급을 받고 있다.

　그러나 젊은이들도 산업문명에 최적화되었던 아날로그 세대의 현실적인 힘을 결코 무시할 수 없음을 알고 있다. 디지털 세대는 젊음과 활동 에너지와 다양성과 적응성에서는 기성세대를 앞서지만, 아날로그 세대의 경륜과 사회적 네트워크 그리고 자본력에서는 뒤진다. 이 때문에 신구 세대의 협력이 그 어느 때보다 더 필요한 시대가 되었다.

　학습 분야에서도 마찬가지 현상이 벌어지고 있다. 산업사회까지 인류는 대체로 선생과 학생을 따로 분리하여 대우하였고 그것이 일반적으로 수용되었다. 이 때문에 산업문명사회에서 만들어진 근대식 학교교육 제도는 마치 태초부터 존재해왔던 것처럼 권위를 보장받았다. 그러나 디지털 시대가 본격화된 지금에 이르러 학교제도는 근본부터 흔들리고 있다. 근대사회가 탈근대사회로 이행됨에 따라, 소품종 대량생산과 근대 국민국가 체제에 적합한 인간 양성이라는 양대 교육 과제가 다품종 소량생산과 상호주체성에 입각한 시민사회로의 이행을 겪고 있기 때문이다. 이런 상황에서 교육과 학습, 교사와 학생은 어떤 식으로 구분되어야 하고 어떤 관계를 맺어야 하는지에 대한 과제가 우리 앞에 주어져 있다.

　공자는 세 사람이 모이면 그중에 반드시 나의 선생이 있다(삼인행필유아사: 三人行必有我師)라고 했다. 한유(韓愈)도 『고문진보(古文

眞寶)』 후집 2권 「사설(師說)」[10]에서 공자의 말을 인용해서 교학상장[11]의 중요성을 강조하고 있다. 교학상장은 '서로가 서로에게 가르치면서 배우고 배우면서 가르친다'라는 뜻이다. 또한 가르치기 위해 준비하면서 배움이 일어나고 가르치는 과정에서 배우기도 한다는 뜻도 포함하고 있다.

적어도 과학기술문명 분야에서는, 공자와 한유의 지적처럼 서로가 서로에게 가르치고 배우는 시대가 되었다. 한번 선생은 영원한 선생이 아니라 선생이 학생이 될 수도 있고 학생이 선생이 될 수 있는 시대가 되었단 말이다.

나는 스마트폰이나 컴퓨터 사용에 어려움을 겪을 때마다 겸손한 태도로 얼굴에 웃음기를 머금고 우리 자식들이나 젊은이들에게 물어본다. 그럴 때 아이들이 설명해주는 말을 도통 못 알아듣는 경우가 태반이다. 전에도 가르쳐 주었는데 또 물어본다는 핀잔을 들으면서도 겸손한 태도로 얼굴에 웃음기를 머금고 조심스럽게 다시 한번 설명해 달라고 부탁한다. 아마 대부분의 아날로그 세대는 이런 경험을 갖고 있을 것이다. 물론 젊은 세대도 삶의 경륜이나 지식에서 그리고 사회적 힘을 동원해야 할 경우 아날로그 세대를 찾게

---

10) 한유(韓愈): 孔子曰 三人行必有我師 是故弟子不必不知師, 師不必賢於弟子, 聞道有先後 , 術業有專攻 , 如是而已 공자가 말씀하시길 "세 사람이 함께 길을 가면 반드시 내 스승이 될 만한 이가 있다"라고 하셨다. 이런 까닭에 제자가 반드시 스승보다 못하지 않고, 스승이 반드시 제자보다 현명한 것은 아니다. 도를 들음에 선후가 있고, 기술과 학업에 전문 분야가 있어 이같이 되었을 따름이다.

11) 교학(敎學)이라는 용어는 '교학상장'(敎學相長)의 준말이다. 서로가 서로를 가르치면서 배우고 배우면서 가르친다는 뜻을 가진다.

된다. 서로 배우고 가르치는 교학상장의 시대가 된 것이다. 이런 사실을 전제로, 선생의 지도력을 생각해볼 것이다.

2. 협력적 지도력

선생은 지도자다. 자신과 접촉하는 사람들에게 말로 혹은 삶으로 무언가를 보여주는 존재다. 선생은 또한 학습자다. 자신이 만나는 사람들과 영향을 주고받는 과정에서 자신의 능력을 키워가는 존재이기도 한 것이다. 과거에는 주로 피교육자들을 앞에서 이끌어가는 방식으로 선생이 지도력을 발휘하였지만(선도적 지도력), 현대사회에서는 피교육자들이 자신의 문제를 스스로 해결해 가는 데 있어서 조력자(협력적 지도력)로서의 역할이 더 중요하게 되었다.

선생의 지도력에 대한 논의는 교육을 무엇으로 보는가에 따라 달라질 수 있다. 교육을 고정된 무엇으로 볼 경우, 교육자는 고정된 무엇을 효과적으로 전달하는 역할을 담당하게 되고 학습자의 과제는 그것을 충실히 흡수하는 것으로 규정된다. 이럴 때 선생은 주로 선도적 지도력을 요청받게 된다. 효율성이 강조되는 교육과 목표지향적인 교육에 적합한 지도력이다. 선도적 지도력은 학습자들을 수동적으로 움직이게 하고 교육자와 피교육자의 위계를 분명히 할 수 있다.

그러나 교육을 탐구로 본다면 가르치는 자와 배우는 자 사이의 위계적 구분이 강조될 필요가 없어진다. 모든 사람은 각자 아는 것도 있고 모르는 것도 있으며, 모두가 좀 더 잘 알 수 있기 위하여 함께 노력하는 것이 교육이라고 한다면, 이때의 선생은 학생을 향하여 무엇인가를 던져주는 존재라기보다는 학습자들과 더불어 학습도 하고 학습자들의 학습활동을 돕는 이중적 역할을 부여받는다. 협력적 지도력은 목표나 결과보다는 과정과 관계를 중시한다. 협력적 지도력은 학습자들의 자발성과 주체성에 기반한 지도력이다.

그러면 지식과 정보를 공유하기 쉬운 현대 세계에서 지도력은 무엇이어야 할까? 여기서는 선도적 지도력보다는 협력적 지도력이 우리 시대에 더욱 필요한 지도력이라는 관점을 견지할 것이다. 그것은 인류가 생태위기나 자본의 폭압적 문화를 극복할 대안을 찾는 데 있어서 '협력적 대안 이외에는 다른 방법이 없다'라는 현실진단에서 기인한다. 협력적 대안은, 협력적 지도력에 기반한 학습활동을 한 세대가 자신들에게 주어진 현실의 문제를 함께 인식하고 그 해결책도 함께 찾아가는 과정에서만 나올 수 있다.

협력적 지도력이 더욱 강조되어야 할 또 다른 이유는 우리 시대의 문제들이 개인 문제의 성격을 벗어나 공동의 문제로 확대되었기 때문이다. 인류가, 자신이 처한 위기를 극복할 수 있을지 없을지는 몰라도, 인류의 문제가 자신의 문제이기도 한 상황에서 자신의 문제를 소수의 지도력에 맡기는 방식은 허용되어서는 안 되기 때문이다.

3. 인격적 지도력

자칫 지도력을 말할 때 지도자의 지도력의 세기나 크기에 강조
점을 둘 수 있다. 그러나 지도력에서도 가장 으뜸이 되는 것은 지도
자의 능력보다는 인격이라는 것을 우선 말하고 싶다. 어떤 부분에
탁월한 역량을 가진 사람들은 많다. 필요하면 그들과 일을 같이 하
면 된다. 필요한 지도력은 보충할 수 있지만 인격적인 측면에서의
지도력만큼은 지도자가 놓치지 말아야 한다. 삼국지에 나오는 유비
같은 지도자가 맏형 노릇을 담당할 수 있었던 것은 그가 제갈량보
다 전략전술에 능해서도 아니고 관우나 조자룡보다 무예가 출중해
서도 아니다. 사람을 감싸 안을 수 있는 인격의 폭과 깊이에서 그의
지도력이 나온다.

인격적 지도력을 확보한다는 것은 그리 쉬운 일이 아니다. 자신
을 긍정하고 주변 사람들을 수용하며 살아가는 것은 그렇게 만만
한 일이 아니다. 자신의 그림자를 보듬어 주고 다른 사람들의 온갖
허물을 편하게 보아줄 수 있는 능력은 단시일 내에 형성되는 것이
아니다. 인격적 지도력은 자아를 넘어서는 지도력으로, 그것은 정
직한 '자기 응시'로부터 싹튼다.

자신을 사실대로 바라보면, 자신이 가진 필요 이상의 것들을 내려놓게 되고 자기 안에 내재한 탐욕스러운 욕망과 그 욕망으로 인해 뒤틀린 자신의 모습에 눈물을 흘리게 된다. 자신에 대하여 애통해하는 자는 자신을 용서하는 마음을 갖게 되고, 마침내 바르게 산다는 것이 무엇인지를 묻게 된다.

　그리고 그는 자신에게 했던 것과 똑같이 다른 사람들의 욕망과 고통을 보며 그들의 삶을 슬퍼하게 되고, 자기의 잣대를 넘어서서 다른 사람들이 자신의 특성과 모양대로 살 수 있게 하는 일에 진력을 다하게 된다. 때로는 그것 때문에 고통을 당하거나 박해를 받기도 한다.

　자기 자신에 대해 정직해지는 것이 인격적 지도력 확보의 시작이다. 마지막은 사랑이다. 인격의 핵심은 자비다. 세상을 변화시키는 그 모든 것 중에 제일은 사랑이라고 성서는 말한다. 아니 성서뿐이랴. 불교에서의 자비나 유교에서의 인이야말로 교육자의 제일의 덕목이 아니겠는가? 사람을 끌어안고 같이 울고 아파하는 것이 지도력의 바탕이어야 한다.

4. 지도력의 유형

4.1 동원 리더십

어떤 일을 할 때 지도자는 그 일에 필요한 전문성이나 사람, 경비, 사회적 지원이나 행정적 지원을 동원할 수 있거나 동원할 방법을 알고 있어야 한다. 필요한 것들을 자신이 직접 동원할 것인지 아니면 합의 과정을 거쳐 여러 사람이 분담하게 할 것인지는 일의 추진 방식에 따라 결정되겠지만, 지도자는 적어도 동원 방법에 대한 얼개 정도는 가지고 있어야 한다. 그러다 그것을 필요로 하는 상황이 오면 제시할 수 있어야 한다.

모든 사람이 합의하는 방식의 일이라 할지라도 일의 중심에 누군가가 세워지게 된다. 중심이 되는 사람은 자신에게 맡겨진 일에 필요한 것들이 무엇인지 헤아리고 있어야 한다. 그리고 필요한 것들을 어떻게 동원할 것인지 놓치지 말아야 한다.

그러나 동원 리더십은 보조적 리더십임을 알아야 한다. '푸른꿈고등학교'를 만들 때 사람이나 재정 동원 그리고 사회적 인식의 확산이나 행정적 지원 등은 어렵지만 헤쳐 나갈 수 있었다. 그러나 대안학교의 본질적 기능인 생태주의 이념에 따른 교육을 어떻게 할 것인가 하는 문제 앞에서 동원 리더십은 한계에 부딪히게 되었다. 여기가 어떤 일의 분열 지점일 수 있다.

무엇인가를 동원하는 데 지도력을 발휘한 사람이 그 조직의 본질적 기능에서도 지도력을 발휘하려 한다면 자신이 그 능력을 이미 가지고 있거나 아니면 개방적 자세로 동료들과 함께 그 내용을 만들 수 있는 제도를 통해 집단적 지도력을 정착시키면 된다. 만약에 자신이 그 집단의 본질적 기능을 수행하는 데 있어서 지도력을 발휘할 만한 능력이 없거나 오히려 그 기능이 다른 사람들보다 떨어진다면, 부분적 동원 지도력으로 자신의 역할을 마치거나 보조자로 자신을 규정하는 것이 적절한 행동이다. 노자의 말처럼 '공성이 불거'(功成而弗居)[12]를 실천하면 더할 나위 없이 좋겠지만, 여러 가지 상황이 자신을 필요로 한다면 겸허한 자세가 필요하다. 자신이 앞장서서 해야 할 일의 국면은 이미 지났음을 알아야 한다.

4.2 본질적 지도력

학교는 교육하는 곳이고 절은 도를 묻는 곳이다. 우리 시대의 학교는 상급학교에 진학하기 위한 자격을 획득하는 곳으로 전락하였고, 사찰은 문화재를 관광하러 가는 곳이 되었다. 이런 예는 얼마든지 우리 주위에서 목격할 수 있다. 자기 조직의 정체성과 한 발 떨어져 있는 일에 주력하는 사람이나 단체가 수도 없이 많다.

녹색연합 대표 시절에 활동가들에게 늘 말했던 것은 "우리는 환경운동을 하는 단체다"라는 것이었다. 넓게 보면 생태·생명운동이 아닌 것이 없지만 우리의 일차적 임무는 환경문제라는 것을 강조

---

12) 공을 이루고도 차지하지 않는다.

했던 것은 자칫 활동가들이 다른 부문운동에 일차적 관심을 보이는 것을 경계하기 위함이었다.

자기 조직의 본래 목적과 정체성에 맞는 지도력을 확보한다는 것이 이론적으로는 쉬울지 몰라도 실제로는 그렇게 만만치 않다. '산은 산이고 물은 물'이라는 분별력도 없이 산이 물이고 물이 산이라고 하는 일이 어디 한둘이던가?

대안학교 선생들이 학교의 본질적 기능인 대안교육에 대한 자신의 능력 부족을 감추는 데 사용하는 은신처가 재정 부족과 업무 과중이다. 돈이 없어서 돈 드는 일을 직접 몸으로 때우느라 연구할 시간이 없고, 새로 학교를 만들어 운영하다 보니 할 일이 너무 많아서 아이들과 제대로 만날 틈이 없다고들 한다. 시설이 좀 허름하면 어떻고, 주변 정리가 좀 덜 되었으면 어떤가? 교육 여건이 잘 구비되지 않아 그 일차적 기능인 단위 학교의 이념에 따른 교육에 충실하지 못하게 하는 여러 조건과 상황은 이해할 수 있지만, 자신들이 무엇을 하려고 그 자리에 서 있는가를 잊지 말아야 할 것이다.

4.3 지위와 역할에 맞는 지도력

새로 어떤 지위와 역할을 맡으면 새롭게 맡은 지위와 역할에 충실해야 한다. 변화된 지위와 역할에 맞게 자신의 사고를 빨리 전환하고 거기에 맞는 능력을 배양하는 것이 필요하다.

학교에서나 어떤 단체에서 변화된 지위와 역할에 대한 혼선에서 오는 갈등 상황을 흔하게 목격하게 된다. 교감이 교장이 되었을 경우, 그는 교장 역할은 서툴지만 교감 역할은 익숙하기 때문에 자꾸 교감의 역할을 침범한다. 교장도 하고 교감도 하려는 교장을 교감이 좋아할 리가 없다. 단체에서도 사무국장이 단체의 대표가 되었을 때 대표 역할은 잘 하려 하지 않고 사무국장이 하는 일을 하려 하거나 사무국장이 하는 일에 간섭하는 일도 부지기수다. 그래서 조직 분규가 일어난다.

자신의 역할이 축소되는 데서 오는 상황을 받아들이지 못해 오는 갈등도 있다. 작은 조직이나 단체는 한 사람이 여러 가지 일을 맡는 경우가 많다.

어느 고등학교에서의 일이다. 적은 인원으로 학교를 운영하느라 여러 가지 역할을 하는 선생이 있었다. 그는 교과 선생이었고 담임이기도 했다. 기숙사 사감 역할도 하고 있었으며 사서와 상담 업무도 했고 교목 일도 대신하고 있었다. 한 사람이 여섯 가지 일을 동시에 하고 있었는데, 새로 사감이 임명되고 교목도 오게 되었다. 사서도 다른 선생이 맡게 되었고 상담도 나누어 하게 되었다. 그러자 그 선생은 자신의 일이 줄어드는 데서 오는 상실감을 겪게 되었다. 그에게, 학교 일을 같이할 사람이 많아졌으니 좀 더 책임 있게 본인의 일에 충실하라는 말을 해주었지만 상실감이 큰 것 같았다.

그는 자신도 모르게 자신이 해 왔던 과거의 역할들을 침범했고, 그럴 때마다 그 선생이 맡았던 일을 새로 맡은 선생들이 문제제기를 하는 것을 보았다. 다행히 그는 자신을 성찰할 줄 아는 선생이라서 변화된 상황을 빨리 수용했고 축소된 자기 영역 안에서 자기 전문성을 심화시키는 계기로 활용할 수 있었다.

4.4 긍정적 지도력

서울 중앙고등학교에 재직할 때(1994년) 일이다. 학교에서는 원래 학생 둘씩 짝을 지어 한 주간씩 주번 활동을 하게 하는데, 주번이 바뀔 때마다 새로운 주번에게 주번일지 작성법을 가르쳐주기가 귀찮아서 교실 청소를 면제해줄 테니 1년 내내 주번일지를 작성할 사람을 물어보니 한 학생이 손을 들었다.

그런데 그가 주번일지를 써 오면 나는 그에게 가끔 잔소리를 했다. 아침 조회시간에 내가 분명히 긍정어법으로 하루를 여는 말을 하였는데, 그 학생은 내가 한 말을 부정어법으로 번역(?)하여 가져오곤 했기 때문이다. 예를 들자면 "오늘 하루 친구들과 사이좋게 지내세요"라고 하면 그는 "오늘 하루 친구들과 다투지 말고 지내세요"라고 나의 긍정어법을 부정어법으로 바꾸어 왔던 것이다. "교실을 깨끗하게 사용하세요"라고 하면 "교실을 더럽히지 마세요"라고 하고 "생명을 사랑하자"라고 하면 "생명을 해치지 말자"라고 써왔다. 어떻게 하면 그가 긍정적인 번역기를 사용할 수 있을지에 대해 그 친구와 많은 대화를 나누었지만, 그의 부정어법 구사 습관이 하루 이틀의 일이 아니라서 교정이 그리 쉽지 않았다.

불교에서 '식(識)을 맑힌다' 함은, 외부 정보를 수용하거나 우리의 내면에서 생각, 감정, 욕구, 욕망이 일어날 때 그것을 식별하고 판단하는 '번역기'를 찬찬히 바라보면 그 번역기에 쌓인 온갖 번뇌가 사라진다는 것을 말한다.

'6식'(안의비설신의: 眼耳鼻舌身義)을 통한 우리의 번역기는 감각적 경험의 응축체이거나 내면에서 스스로 일어난 생각, 감정, 욕구, 욕망의 뒤엉킴이다. 그런데 그 '6식'은 일정한 패턴을 형성한다. 사람에 따라 그것이 긍정적 경향으로 형성되기도 하고 부정적 양상으로 형성되기도 한다.

늘 타인의 긍정적인 면을 이야기하는 사람이 있는가 하면, 입만 벌렸다 하면 타인을 비방하는 사람이 있다. 그런데 문제는 자신의 행위가 자신에게만 영향을 끼치지 않고 자녀에게, 이웃에게, 세계에 영향을 미친다는 데 있다. '자식들이나 제자들에게 선업을 물려줄 것인가, 악업을 물려줄 것인가' 하는 열쇠를 부모나 선생 혹은 어른들이 쥐고 있다는 말이다.

하이데거는 "언어의 타락은 인간성의 타락에 그 기원이 있다"라고 했다. 말이 부정적인 것은 그 생각, 감정, 욕구, 욕망이 부정적인 데서 나온다. 그리고 몸으로 체득한 행위들이 부정적인 데서도 나온다. 평소에 생각과 말과 몸을 맑게 하는 습관을 들이는 것이 필요하다.

우리의 번역기가 긍정적으로 작동하면 웬만한 어려움은 긍정적으로 극복할 수 있지만, 부정적 습성이 강하면 작은 어려움도 큰 혼란으로 다가올 수 있다. 희망, 소망, 미래, 꿈, 가능성을 염두에 두고 사는 사람과 문제점, 결핍, 어둠, 어려움, 두려움 등에 매여 사는 사람의 행위는 정반대의 결과를 가져올 수 있다.

혁명이나 개혁은 무언가를 바꾸자는 것이고, 바꾸자는 생각이나 실천 속에는 파괴와 죽임 등의 부정적 에너지가 있을 수밖에 없다. 혁명이나 개혁 과정에서 그러한 부정적 에너지는 정당화되지만 그 이후에 어떻게 할 것인가에 대해서는 부정적인 에너지를 긍정적인 에너지로 전환시키는 과업이 남게 된다. 정의를 둘러싼 갈등에서 미움이나 증오 등의 부정적 기운이 빠지기가 쉽지 않다. 선생은 그 갈등에서 작동되는 부정적 에너지를 긴장된 시선으로 바라볼 줄 알아야 한다.

4.5 소속 집단이 바뀌었을 때의 지도력

현재 우리나라에는 법적으로 다섯 가지 종류의 고등학교가 있다. 일반 고등학교, 실업 고등학교, 특수목적 고등학교, 특성화 고등학교, 예술 계통 고등학교가 그것이다. 만약 어떤 사람이 일반 고등학교에서 선생을 하다 특성화 고등학교로 옮길 경우, 특성화 학교에 걸맞은 역할을 할 수 있어야 한다. 그런데 일반 학교에서 온 많은 선생들은 자신의 교육적 경험에 갇혀 특성화 고등학교 선생으로서의 역할을 잘 감당하지 못하는 경우가 많다. 그 역(逆)도 마찬가지다.

과거 자신이 속한 집단에서 인정받았던 지도력이 새로운 집단에서 그대로 인정될 수도 있겠지만 대부분 새로운 집단에서 다시 지도력을 확보해야 한다. 그 사회의 가장 표준적인 집단에서 합리적이고 청렴한 사람으로 지도력을 인정받았다고 해서 새로운 가치를 지향하는 집단에서 비슷한 지도력을 확보하리라 보는 것은 순진한 생각이다. 경영이 순조로운 서울 명문 대학에서의 상식은 존폐 위기에 있는 지방 대학에서의 상식과 많이 다를 수 있다. 따라서 지도력도 다를 수밖에 없다.

변화된 소속 집단이 동종의 사업을 하는 집단일 경우에는 어려움을 겪을 수 있지만 그래도 지도력을 확보할 수 있다. 그러나 노동운동을 하던 사람이 생명운동을 하는 경우와 같이 사업 내용 자체가 변화할 경우 지도력 확보는 더욱 어렵고 그 정당성도 인정받기 어려울 수 있다.

4.6 공적 지도력

'푸른꿈고등학교'를 만들 때 내가 범한 오류 중 하나가 학교의 공식적 입장과 내 개인의 생각을 명확히 구분하지 못한 점이다. 방송이나 신문 인터뷰를 하거나 방문객과 대화할 때 내 개인의 입장을 학교의 공식적인 입장으로 말한 적이 참 많았다. 다행히 두 입장이 대부분 일치하여 별 문제가 없었지만, 학교의 공식적 입장과 내 개인의 입장이 차이가 나면 학교설립추진위원장으로서 학교의 공식적 입장을 가지고 발언하는 것이 적절한 행동이었다. 그러나 당시에는 개인적 입장을 공식적 입장과 구분해야 한다는 의식도 약했고, 그것이 차이가 날 수도 있다는 것을 받아들이기가 어려웠다.

루이 14세가 "짐이 곧 국가다"라고 말한 것을 우리는 잘 알고 있다. '왕 개인의 생각이 곧 국가의 공식적 입장이고 국가의 공식적 입장이 곧 국민의 생각이어야 한다'라는 절대왕권을 상징적으로 나타내는 말이다. 우리는 이성적으로는 개인의 생각과 공적인 입장을 일치시켜 생각하는 절대 권력을 비판하지만, 알게 모르게 우리 자신이 이런 생각에 사로잡혀서 살아가는 예를 얼마든지 볼 수 있다.

조직의 분란이라는 것이 이념의 차이나 일을 추진하는 방식 등에서 오기도 하지만, 분란을 일으키게 하고 그 분란을 분열로 몰고 가는 가장 큰 요인이 개인의 생각과 조직의 입장을 구분하지 못하는 데서 온다.

2000년대 초, 한 지역에서 잘 운영되던 생협에 내분이 일어나 시끄러웠던 적이 있다. 생협의 이사장은 자기 지역 이사회의 입장을 가지고 전국단위 이사회에 참여해야 하는데, 전국단위 이사회에서 개인의 입장으로 말하고 의사결정에 참여하여 문제가 되었던 것이다. 그는 생협의 조합원이고, 그 지역 생협의 이사이자 이사장이며, 전국단위 이사회의 이사장이었다. 생협의 4중 멤버십을 갖고 있는 사람이었는데, 그의 입장은 전국단위 이사장의 입장 하나로 통일되어 있어 자신이 속한 지역 생협 이사들이나 조합원들과 갈

등을 피하지 못했다.

사람들과 만나 어떤 행위를 주고받을 때 자신이 지금 어떤 입장으로 말해야 하는가를 정확히 알고 행할 필요가 있다. 개인적인 생각인지 아니면 공적인 입장인지 입장 차이를 분명히 해야 한다. 공적인 입장이라 하더라도 지금 어느 입장으로 말해야 하는가를 명확히 구분해야 한다. 학교에서 선생이 자신의 사적인 생각과 공적인 입장을 잘 구분하지 못하면서 그와 함께 학습하는 아이들이 그 구분을 잘하리라고 기대하는 것은 무리일 것이다.

4.7 개방적 지도력

독재권력은 정보와 돈을 물리력(군대나 정보조직, 세무서와 같은 관료조직이나 경찰과 같은 치안조직들)으로 독점하거나 통제할 수 있을 때 유지가 가능하다. 독재자는 자신이 장악한 정보와 돈을 부분적으로 혹은 조각내어 사회에 유통시키며 사람들을 분열하게 하거나 화합하지 못하도록 한다. 정보와 재정을 장악한 사람은 자신의 필요에 따라 부분적으로만 말하고 행동하기 때문에 사람들은 도저히 어떤 일의 전모를 파악할 수도 없고 생각을 같이하기도 어렵다.

교장단 회의라는 것이 어느 지역에나 있다. 내가 참석해 본 교장단 회의에서 오가는 말들은 대부분, 어떻게 제대로 할 것인가 하는 것보다는 교장의 정년을 보장받는 데 방해가 되는 학교 안의 전교조 선생들을 어떻게 제압할 것인가에 대한 것이었다. 그런데 그들은 이미 학교 운영과 관련한 정보와 재정은 물론 학교 내의 인사권까지 갖고 있어 편의대로 그것들을 이용하여 교사들을 통제하거나 분열시킬 수 있었다.

전교조에서는 학교경영의 민주화를 위해 '교장선출보직제' 도입을 주장하고 있다. 교장을 지금처럼 승진제도를 통해 선발하는 것은 교육현장을 위계화하고 학교 본연의 임무인 교육보다는 경영권에 대한 관심이 더욱 강조될 수밖에 없다는 논리의 연장에서 적절한 대안으로 본다.

그러나 교장을 어떤 과정을 거쳐 임용하는가 하는 문제보다 더 본질적인 것은 학교의 고유 책무인 교육을 지원하기 위한 학교경영의 투명성을 어떻게 확보하는가 하는 것이다. 교장 선출의 민주적 대안은 학교경영의 투명성을 확보하는데 상당한 기여를 할 수 있다. 그러나 교장 권력이 존재하는 한 언제든 학교 경영과 교육은 파행을 겪을 수 있음도 알아야 한다. 따라서 교장제도 자체를 폐지하고 교사들의 합의 경영을 보장하기 위한 교육의장제를 채택하는 것이 훨씬 더 학교경영과 교육을 정상화시킬 수 있는 방법이라 생각한다. 생소한 말이겠지만, 우리나라 국회의 국회의장을 생각하면 쉽게 이해가 갈 것이다. 학교의 교육의장은 그야말로 교육당사자들의 의견을 합리적으로 도출하여 실행할 수 있게 하는 회의 주재자의 역할만 하게 하는 것이 교육의장제도의 요지다.

개방적 지도력을 제도적으로 정착시키고 지식과 정보의 공유, 재정운용과 인사에 관한 투명성과 민주적 합의 과정의 확보가 학교경영에서 확보될 때 학교교육의 본질적 기능을 살릴 수 있을 것이다.

4.8 통합적 지도력

어떤 일을 하려고 사람들이 모여 회의를 할 때, 참석자들의 발언 수위와 회의 결과에 대한 책임을 지는 사람을 네 가지 유형으로 나누어 볼 수 있다. 원칙적 입장을 개진하되 그 회의의 결과는 전혀 책임지지 않는 사람(근본주의·무책임), 원칙적 입장을 개진하되 그 회의에서 한 발언에 맞게 책임을 지는 사람(근본주의·책임), 현실적 입장을 개진하되 자신의 발언에 따른 책임을 지는 사람(실용주의·책임) 그리고 마지막으로 현실적 입장을 취하되 발언에 따른 책임을 지지 않는 사람(실용주의·무책임)이다.

결국 일을 같이하게 되는 사람들은 '근본주의·책임'과 '실용주의·책임'에 속한 사람들로서, 그들의 생각이나 말이 주기적으로 반복 강조되면서 일이 성취되어 간다. 통상적으로 근본주의자들은 자신들이 하는 일의 본래 목적과 목표에 강조점을 두고, 실용주의자들은 자신들이 하는 일의 성취에 강조점을 둔다. 따라서 실용주의자들은 그 일을 이루는 방법을 중시한다. 두 가지 입장이 늘 균형 있게 유지되기도 어렵고, 또 그래서는 일이 제대로 잘 추진되지도 않는다. 어떤 때는 근본적 태도가 필요하기도 하고 어떤 때는 실용적인 자세가 요청되기도 한다.

근본적 입장은 소수, 엘리트적 혹은 결사체적 일의 방식에 적합하고, 실용적 입장은 다수, 대중추수적인 일에 적합하다. 가치 지향적인 일을 대중적으로 하려고 하는 경우에는 근본적인 입장과 실용적인 입장을 동시에 수렴해야 한다. 대중들을 따라가기만 하려면 굳이 가치지향적인 새로운 일을 벌일 필요가 없으며, 근본적 입장은 그 의식이나 결단의 수준이 높아 대중들을 소외시킬 수밖에 없기 때문이다.

4.9 질적 지도력

성서에 포도원 농부의 비유가 나온다. 포도 수확기에 일손이 모자라 농장주가 노동자를 구하러 새벽 노동시장으로 간다. 거기 모인 노동자들에게 당시의 일당을 주기로 하고 데려다 일을 시켰지만, 일꾼이 계속 모자라자 농장주는 아침 9시, 11시 그리고 오후 1시, 3시, 5시까지 노동자들을 데려와 일을 시킨다.

하루 일을 마치고 농장주는 노동자들에게 품삯을 계산해주는데, 가장 나중에 왔던 사람들에게 먼저 당시의 하루 일당을 준다. 그것을 본 먼저 온 노동자들은 자신들보다 일을 적게 한 노동자들이 하루 일당을 받았으니 자신들은 더 많은 품삯을 받을 것이라 기대한다. 그러나 주인은 모두에게 똑같은 품삯을 주었고, 먼저 온 노동자들로부터 거센 항의를 받는다.

기계적 평등 분배는 시간의 양에 따라 임금을 지불하는 방식이

다. 그러나 농장주는 임금을 계산할 때 시간의 양에 주목하지 않는
다. 주인은, '언제 와서 일을 얼마만큼 했느냐'라는 잣대를 적용하
지 않는다. 다만, 농장에 와서 포도 수확하는 일을 도왔느냐 아니냐
라는 셈법을 적용한다. 일을 함께한 사람이면 누구나 같은 임금을
지불한 것이다.

　운동을 하면서 경력을 내세우거나 연공서열을 따지는 것을 종종
본다. 자신은 민주화운동 과정에서 투옥이 몇 번 되었고, 어떤 단체
에서 일했다느니 하면서 과거의 훈장을 주렁주렁 목에 걸고 행세
하려는 사람들이다. 민주화운동에 시간을 많이 투여하였거나 지불
한 대가가 많았으니, 그걸로 자신의 지도력을 확보하려는 '양적인
지도력'을 내세우는 경우다.

　주변에서 '내가 너를 어떻게 키웠는데'라면서 자식들에게 서운함
을 토로하는 부모들을 많이 본다. 부모가 있기에 자식이 있지만, 부
모가 자식을 양육할 책임을 지는 것은 당연한 것이다. 부모님들이
우리를 키웠듯이, 우리에게도 자식들을 부양할 당연한 책임이 있
다. 자식들 덕을 보기 위해 아이들을 키우는 것이 아니다. 생명이
생명을 이어가는 자연스러운 과정에서 자식들을 키우는 것이 양육
이다. 그리고 아이들이 태어나서 자라며 부모들에게 준 설렘과 행
복감만으로도 부모들은 이미 큰 보상을 받은 것이다.

　어느 단체든 조직이든 일을 처음 발의하고 그 일이 이루어져 가
는 과정에서 공을 크게 세운 사람이 뒷날 '내가 이 조직을 위해 혼

신의 힘을 다했는데'라면서 자신의 공로를 강조하여 조직 발전에 장애가 되는 경우를 종종 본다. 시간을 많이 낸 사람, 돈을 많이 낸 사람, 재능을 많이 보탠 사람, 요소요소에 사람을 많이 끌어온 사람, 자신들이 하는 일의 중요성을 널리 알리는 데 힘을 쏟은 사람 등 많은 공로자들이 있을 수 있다. 그러나 자신이 그 일이 이루어져 가는 과정에 참여하여 겪은 희망과 좌절, 그것을 보상으로 생각해야 한다.

질적 지도력은 공로자들에게 주목하는 차원을 넘어서는 지도력이다. 오늘 그리고 내일을 살아가기 위해 지나온 일들이나 사람들을 기억해야 하지만, 과거가 오늘과 내일을 방해하지 않도록 늘 경계해야 한다. 사람들은 일하는 순간순간을 살아가는 것이다. 어떤 것을 저축하여 나중에 그것을 사용하려고 하는 데서 불행이 생긴다. 아이들에게 어른이 되기 위해 살아가라고 강요하는 교육을 반대한다면, 어떤 일이 이루어지는 과정에서 어떤 책임을 맡겠다는 욕심일랑은 일단 내려놓고 오늘 자신에게 주어진 일을 하는 것이 바로 오늘을 살아내는 것이다.

4.10 원칙과 융통성

'앞문은 닫아두고 뒷문은 열어두어라' 하는 말이 있다. 교육현장에는 교육과정과 학사일정이 있는데, 수많은 회의를 통해 확정한 교육과정과 학사일정을 바꾸는 일에는 상당한 주의를 기울일 필요가 있다. 한번 확정된 교육과정과 학사일정은 여러 사람이 합의한 하나의 약속이고 그 약속이 바뀌려면 모두의 합의과정이 필요하다. 한 사람이라도 원칙을 고수한다면 그 원칙을 따라주는 것이 적절할 것이다. 개인적인 일은 변경이 얼마든지 허용될 수 있지만, 공적인 일을 변경할 경우에는 신중을 기해야 한다. 그러나 원칙이라는 것도 교육과정과 학사일정을 돕는다는 측면에서 지켜져야지, 원칙이 교조적으로 지켜져야 한다는 것은 아니다.

40년 전의 일이다. 장성 '삼동고등공민학교'에서 선생으로 있으면서 아이들을 데리고 수학여행을 갔다. 해남 대흥사에서 영암 월출산으로 이동하는 과정에서 한 여학생이 닭똥 같은 눈물을 흘리며 서럽게 울었다. 이유를 물어본즉, 대흥사 어느 가게에다 집에 가지고 갈 선물을 놓고 왔기 때문에 그것을 다시 찾으러 가야 한다는 것이다. 공식적인 행사에서 개인의 사정을 다 들어주기도 어렵고, 그렇다고 무시하기도 마음이 아프고 참 난감했다. 게다가 1984년 당시에는 도로 사정이나 교통도 좋았을 리 만무하지 않은가? 선물을 대신 사주는 방법도 있었겠지만, 그가 가족들을 생각하면서 마음을 기울여 산 그 선물일 수는 없었다. 다행히 같이 간 선생이 그 여학생만 데리고 선물을 찾으러 가주어서 우리는 일정대로 움직이면서 그 일을 해결했다.

같이 합의한 공적인 일과 그 일의 시행 과정을 존중하는 것은 일의 중심을 잡아가는 행위이고, 융통성은 자칫 무거워져서 권위주의에 빠질 수 있는 공적인 일의 위험성을 제거해 주는 활력소일 수 있다. 무겁되 무겁지 않은, 무겁지 않되 무거운 행보는 지도자의 몫이다.

4.11 전술적 지도력

개인이나 단체도 어려움을 겪을 수밖에 없다. 어려움이 피할 수 없는 것이라면 그 어려움을 개인과 단체가 어떻게 극복할 것인가에 대한 준비를 해두어야 할 것이다. 조직을 이끌어 가는 데는 비둘기처럼 순결하고 뱀처럼 지혜로울 필요가 있다. 개인이나 단체가 지향하고 가지고 갈 가치는 총체성을 띠어야 하며 순결성을 지켜야 하겠지만, 그것을 이루어 가는 방법은 다양하고 때로는 야비할 만큼 지혜로워야 한다.

사안에 따라 조직의 대표가 책임을 져야만 하는 일이 있고 실무자가 책임을 져야 할 일이 있다. 그런데 서로 자신에게 책임이 없다며 책임을 전가하는 조직은 희망이 없다. 일의 중심에 선 사람이 법적, 재정적 책임을 조직의 형식적 대표에게 떠넘기는 경우도 종종 있고, 실권을 가진 대표자가 실무자를 희생시키며 자신만 살아남는 경우도 많다.

전술적 지도력은 어려움을 같이 넘기면서 조직을 살리는 방법이 무엇인지를 우선 고려한다. 깡패 조직도 '의리'라는 것을 내세우며 책임을 다 뒤집어쓰는 경우가 많지 않은가. 하물며 이념 지향적인 집단이라면 조직의 정체성에 맞게 자신의 처신을 결정해야 할 경우가 반드시 있게 마련이다. 조직 이기주의 차원에서 하는 말이 아니다. 독재 권력에 맞서 투쟁하던 활동가가 조직보호를 위해 자진 검거되는 경우를 생각해보면 전략적 지도력을 쉽게 이해할 수 있을 것이다.

5. 지도자의 유형

인간은 누구나 배우고 익히고 누군가를 가르치고 이끌며 산다. 교학상장은 동서고금에 통용되어 온 공리이다. 하지만 작금에 이르러서는 누구에게 배우고 누구를 따라야 하는지 그리고 그 기준은 무엇인지 쉽게 판단하기가 어렵다.

우리가 멀리해야 하고 가까이서 본받아야 할 지도자의 유형을 살펴본다.

세상에는 흡혈형(이기적 엘리트형), 희생형(일방적 뒷받침형), 동반형(상호발전형), 스승형(밀알형)의 네 종류 지도자가 있다.

5.1 흡혈형 지도자

흡혈형 지도자는 주로 수직적 문화에서 볼 수 있다. 전근대 혹은 산업사회적 사고방식과 행동양식을 가진 유형이다. 오늘날 이런 지도자는 군사문화, 관료사회, 서열문화, 기업문화에 남아 있다.

흡혈형은 주인과 종 이외의 관계는 허용하지 않는다. 역사적으로 조선시대 선조나 이승만과 같은 사람이 그런 유형이다. 그들은 사직이나 국가의 대표성을 유지한다는 명분으로 백성을, 국민을 내팽개치고 자기만 살길을 찾아 도망쳤던 사람들이다. 한국 현대사에서 그런 유형의 엘리트들은 차고 넘친다. 흡혈형은 독직 사건으로 재판을 받고 있는 전직 대통령들이나 정치가들 혹은 사업가들을 보면 바로 이해가 되는 유형이다.

흡혈형은 자신의 손익과 관련된 일에는 동물적으로 예민한 감각을 가지고 있다. 그들은 자신에게 이익이 되는 사람(것)과 손해가 되는 사람(것), 자신을 돕는 사람(것)과 방해되는 사람(것), 두 종류로 나누어 세상을 바라본다. 그들은 눈치가 빠르고 처세에 능하다.

흡혈형은 늘 앞과 위만 바라보고 살아간다. 그들에게 세계는 뒤나 아래나 옆이 없고 오직 앞과 위만 있다. 마치 『꽃들에게 희망을』에 나오는 애벌레들처럼 어디를 가는지도 모르고, 그 끝이 어딘지도 모른 채 앞을 향해, 위쪽만을 향해 달린다. 보통 사람이 보면 '그만하면 되었다' 싶어도 그는 출세를 향한 타는 갈증을 풀려고 나아가기 때문에 현재 자신의 위치를 불만스럽게 생각하고 더 위로 더 앞으로 나아가려고 몸부림을 친다. 그러다 보니 지금 함께하는 사람들의 눈치를 보거나 배려하는 데 신경을 쓰지 않고 오직 해바라기처럼 자기보다 윗사람의 눈에 뜨이려고 안간힘을 쓴다.

흡혈형은 타인을 자신의 출세도구로 여길 뿐만 아니라 옆이나 아래 사람들을 소비한다. 그들은 사람들이 모두 자신을 위해 존재한다고 생각하기 때문에 휴지조각처럼 쓰고 버리는 일이 별문제가 되지 않는다. 그래서 흡혈형의 추종자들은 대부분 에너지를 흡수당하고 버림받아 상처투성이의 인간으로 전락한다.

흡혈형은 특정 사회나 기관, 단체, 조직 등에서 그를 뒷받침하는 사람들의 노고와 헌신을 자신의 지위나 입지 상승으로 활용하는 데에도 능수능란하다. 이 경우 그를 뒷받침한 사람들은 대부분 정체 상태에 머물거나, 후퇴하거나, 알아서 자기 몫을 챙기거나, 스스로 입지를 다져야만 한다. 간혹 흡혈형이 필요에 따라 자신을 뒷받침하는 사람을 이끌어주는 상황도 발생하지만 그런 경우는 요행에 불과하다. 흡혈형의 출세 속도에 발맞추어 뒷받침하는 사람들이 보조를 맞추기가 어렵기 때문이기도 하고, 자칫 그를 뒷받침하는 사람들이 흡혈형을 앞설 가능성을 흡혈형이 결코 용납하지 않기 때문이기도 하다. 그리고 흡혈형은 자신이 현재 서 있는 현장에서 필요한 보조자를 끌어다 쓰기 때문에 현장이 바뀌면 보조자들도 교체하는데, 변화된 상황에 자칫 방해가 될 수도 있기 때문이다.

흡혈형은 자신의 입지 강화를 위해 자신에게 결여된 청렴결백하고 강직한 사람들의 이미지를 활용한다. 그리고 흡혈형은 위기가 닥치면 자기만 살아남기 위해 그들을 총알받이로 기꺼이 내놓는다.

그는 자신을 대신해서 희생양으로 고통당한 사람들에 대한 보상도
하지 않고 심할 경우에는 희생양의 뒤통수를 서슴없이 친다. 이런
지도자 유형은 오늘날과 같은 시민민주주의가 발달되어 가는 과정
에서 사라져야 할 지도자이다. 아니 어떤 시대 어떤 지역 어떤 사회
라도 바람직하지 못한 지도자 유형이다.

5.2 희생형 지도자

희생형(일방적 뒷받침형)은 누군가의 꿈을 위해 자발적으로 자신
을 헌신하는 사람들이다. 부모님들과 같은 유형이다. 예전의 부모
님들은 자신은 어떻게 되든 상관하지 않고 자식들의 장래를 위해
희생했다. 지금은 상상하기 어렵지만 불과 몇십 년 전만 해도 장남
이나 오빠나 남동생의 상급학교 진학을 뒷받침하느라 공장이나 식
모살이를 떠났던 우리의 누이들도 여기에 해당한다. 부모 자식 사
이의 희생이야 자연의 이법으로 볼 수 있겠지만 누이들의 희생은
가부장적 이데올로기의 영향을 받은 측면이 크다.

사회적 지도자 중에도 대의를 위해 혹은 자신과 동고동락하는 사
람들을 위해 자신을 기꺼이 내놓을 줄 아는 사람이 있다. 멀리 갈 것
도 없이 고(故) 노회찬 의원 같은 경우가 그렇다. 그는 정의당과 당
원 및 이 나라 국민과 정치 발전을 위해 자신을 죽이며 산화해갔다.

희생형에게는 사랑이 전제된다. 그 사랑은 개인적 혹은 사회적 존
재들에 대한 것이거나 사회적 가치에 관한 것일 수도 있다. 그런데

그 사랑은 지혜에 기반한 사랑이 아니라 미덕에 토대를 둔 사랑이다. 미덕은 아름답고 숭고하고 고맙지만 때로는 가슴을 미어지게 하며 남은 사람들에게 죄책감을 불러일으킨다. 또한 희생형의 사랑은 자칫 그 사랑을 받은 사람들이 극단적인 이기주의자가 될 여지를 남긴다. 희생형의 사랑이 잘못은 아니지만 지혜가 빠진 미덕에 기초한 사랑이기 때문이다. 우리의 전통적 가부장제 문화에서 여성들(어머니, 아내, 딸)의 희생을 자양분 삼아 허랑방탕하게 살아온 패륜적인 남정네들(아버지, 남편, 아들)을 생각해보면 금방 알 수가 있다.

희생형으로부터 혜택을 받은, 건강한 의식을 가진 사람들은 자신의 오늘이 누군가의 희생에 기반한 것임을 알고 한편으로는 고마워하고 다른 한편으로는 가슴 아파한다. 우리가 부모님을 생각하면 먼저 눈물이 왈칵 솟는 것은 부모님들의 희생이 너무나 크고 아프고 고맙기 때문이다. 장남과 오빠와 남동생을 위해 희생한 누이의 모습에는 그 시대가 주입한 이데올로기적 가치의 왜곡도 보이지만, 거기에도 사랑이 자리 잡고 있다.

김구 선생처럼 자신의 정치적 입지가 허물어질 줄 뻔히 알면서도 평양으로 가서 김일성을 만나 남북 단일국가 건설을 위해, 대의를 위해 헌신한 사람들에게 우리는 숭고함과 동시에 부채의식을 느끼게 된다. 희생형은 고맙고 감사하고 미안하고 안쓰럽다. 그래서 공동체가 건강하다면 가급적 나타나지 않는 게 좋을 형이다.

5.3 동반형 지도자

세 번째로 동반형 지도자가 있다. 동반형 지도자는 오늘날처럼 수평사회가 발달되어 가는 때 적합한 지도자다. 동반형은 관계적, 수평적, 협력적, 과정적, 절차적 지도자 유형이다.

'동반'이라는 단어의 사전적 의미는 '일을 하거나 길을 가는 따위의 행동을 할 때 함께 짝을 함'이고 '동반자'는 '어떤 행동을 할 때 짝이 되어 함께하는 사람'을 뜻한다. 동반은 어느 일방이 추진하는 일에 다른 사람이 함께하는 것일 수도 있고 쌍방이 함께 도모하는 일일 수도 있을 것이다. 다만 여기서 주의해야 할 것은 '동반'이나 '동반자'가 꼭 좋은 뜻으로만 사용되는 것은 아니다, 라는 점이다. 극단적으로 동반자살의 경우에도 동반이라는 말을 사용한다. 하지만 일반적으로 우리가 사용하는 '동반'이나 '동반자'는 건강한 일을 함께하는 것을 칭한다.

건강한 동반자 관계는 상호 이해와 관용에서 시작된다. '똘레랑스'는 사회적 관용을 의미하는데, 그것을 실현하기 위해서는 두 가지 전제가 필요하다. 첫째, '자신이 인정받고 싶으면 먼저 타인을 인정하라' 둘째, '사회적 강자가 먼저 사회적 약자를 인정하라' 하는 것이다. 이것은 성서의 '황금률' "대우받고 싶거든 먼저 남을 대우하라"(Do as you would be done by)와 같은 의미를 갖고 있다.

그런데 똘레랑스나 황금률은 모두 '어떤 대우를 받고 싶거든'이라는 전제를 내세운다. 그 전제는 상대에게 무조건적인 이해나 관용을 허용하라는 의미가 아니라 '대우받고 싶음'이라는 자기중심성이 들어 있다. 따라서 동반형에서는 상호 필요에 따라 이기심을 허용하기도 하는 개인주의를 전제로 한다. 그러나 그 이기심은 서로를 해치지 않을 만큼 작동하기 때문에 상호 관계가 파국에 이르지 않고 어떤 일을 함께하는 데서 오는 동반상승 효과도 크다.

동반형은 상호 동등한 관계 사이에서 주고받기가 일상화된 사람들 사이에서 나타난다. 부부간의 사랑이 주고받는 사랑이기 때문에 부부를 가리켜 동반자라고 하듯이 말이다. 물론 여기서 '대등한 관계'라 함은 성, 연령, 빈부, 계급, 국경, 피부색, 직급 등을 초월한 상태를 가리킨다.

사회적 관계에서도 동반자 관계를 볼 수가 있다. 비록 사회적으로는 서열이 있을지라도 어떤 프로젝트를 놓고 함께 연구하고 실행하고 평가하는 일을 같이할 수 있다. 어떤 지도자와 함께 일하면서 팀원들도 발전하는 것을 우리 주변에서 보는데, 그때의 지도자가 바로 동반형 지도자다.

동반형 지도자는 함께 이룬 성과를 홀로 독식하거나 자신만의 입지 강화를 위해 사용하지 않는다. 동반형 지도자는 어려움도 함께 지고 즐거움도 함께 누린다. 그는 타인을 자신의 입지 강화의 도구로 보지 않지만 아울러 자기를 희생하지도 않는다. 여기서는 극적인 감동이 있다거나 가슴이 뛰는 흥분을 보기는 어렵지만, 건강한 사회라면 흡혈적 관계라든가 희생적 관계는 지양되고 상호 발전해가는 지도력이 필요할 것이다.

5.4. 스승형 지도자

예수님은 "한 알의 밀이 땅에 떨어져 죽지 아니하면 한 알 그대로 있고 죽으면 많은 열매를 맺느니라"(요한복음 12장 24절)라고 말한다. 그리고 자신이 직접 한 알의 썩은 밀알이 되어 세상의 수많은 희망으로 변화되었다.

스승형 혹은 밀알형은 언뜻 희생형과 외관상 비슷하게 보일 수가 있다. 희생형과 마찬가지로 사랑을 전제로 하기 때문이다. 그런데 밀알형의 사랑은 미덕이 아니라 지혜에 기반한다.

지혜는 도움을 준 사람이나 도움을 받은 사람 모두가 함께 성장하게 한다. 이렇게 보면 또 스승형과 동반형이 비슷하게 보일 것이다. 그런데 동반형의 '함께 성장함'이 세속적인 것임에 반해 밀알형의 '함께 성장함'은 세속적인 것뿐만 아니라 정신적, 영적 차원까지를 포함한다.

사랑이 한쪽에만 이익이 되고 다른 한쪽에게는 희생이 된다면 그것은 불완전한 사랑이다. 예수의 십자가 죽음은, 예수 자신에게 있어서는 자신을 비워 무아의 상태에 도달함으로써 자기완성을 이룩한 사건이다. 그는 자기를 완성한 것이다. 그것의 결과가 스승이고, 예수의 자기완성이 우리의 완성에 도움을 주는 것, 그것이 밀알형 지도자다.

그래서 그는 구도자로서 깨달음에 혹은 하느님과 합일에 이른 사람이다. 그는 자기 이외의 존재들을 타자의 위치에 놓고 일방적으로 그들을 수렁에서 건져내는 구원자라기보다 자신과 다른 존재들 모두가 자기완성의 길을 갈 수 있도록 돕는 인도자였다.

『장자』에서 스승은 위무위(爲無爲), 즉 무아, 무공, 무명을 사는 사람이다. 장자는 행하지만 행함의 주체인 자기가 없고, 자기가 없기에 그것이 왼손이 한 것인지 오른손이 한 것인지 내세울 공도 없으며, 무언가를 했다고 남길 이름마저 없는 사람을 스승이라고 한다.

스승형은 세속에 살되 세속과 성(聖)을 동시에 사는 사람이다. 그는 성속일여 즉, 성이 속이요 속이 성인 사람이다.

그런 지도자는 종교적 지도자인 경우가 많지만, 장 지예노 감독의 영화『나무를 심는 사람』의 주인공 '엘제아 부피에르'와 같은 사람이기도 하다. 누구의 땅인지도 모르고, 알려고 하지도 않으면서, 땅을 소유하려고도 하지 않고, 땅을 소유한다는 의식마저 없이 묵묵히 민둥산에 생명이 다시 깃들 수 있도록 나무를 심는다. 그에게 생명 세계는 인간만이 아니라 숲과 나무와 바위와 하늘의 구름도 포함되었을 것이다.

스승형 지도자는 흔하지 않다. 스승형 지도자가 되는 것도 쉽지 않다. 그러나 그는 누구보다 더 자신의 의식의 진화를 철저하게 이룬 사람이고 그와 함께하는 사람들에게도 의식의 진화를 촉진시키는 사람이다.

위에서 언급한 네 가지 지도자의 유형은 사실상 그 경계가 명확한 것이라기보다 각 유형에 맞는 경향 정도로 이해하면 무난할 것 같다. 인간은 기계처럼 해석될 범위를 넘어선 존재이기 때문이다. 그럼에도 불구하고 이런 구분을 시도해본 것은 적어도 흡혈형 지도자는 되지 말아야 하겠다는 자각과 각오와 결단이 필요하기 때문이기도 하고, 자기 스스로 자신의 지도력을 살필 필요가 있지 않을까 해서다. 그래서 우리는 큰 소리로 물어야 한다.

"나는 어느 유형의 사람이고 싶고, 과연 어느 유형의 지도자인가?"

이상에서 나는 선생의 지도력으로 교학상장의 수용과 협력적 지도력 그리고 인격적(인문적) 지도력을 약술하고 지도력의 유형 11 가지를 살펴보았다. 더불어 지도자의 유형을 덧붙였다.

선생이 자신에게 물어야 할 필수적 질문은 '나는 학생들과 관계를 잘 맺고 있는가, 관계를 잘 맺고 있다면 왜 그런가, 관계를 잘 못 맺고 있다면 그 이유는 무엇인가?'일 것이다. 선생과 학생의 관계가 좋으면 선생이 학생에게 미치는 영향력이 그만큼 클 수 있다. 그것은 학생 자신이 좋아하는 선생을 닮으려 하거나 선생 말을 귀담아 들을 확률이 높아지기 때문이다. 반면에 선생과 학생 관계가 어긋나 있으면 선생이 아무리 학생을 위하는 말을 할지라도 학생이 그것을 거부하거나 엇나가게 행위할 가능성이 높아진다. 따라서 선생의 양질의 지도력은 그 무엇보다도 중요하다.

선생은 상처 입은 아이들과 살아야 하는 존재다. 따라서 자신의 상처를 극복하고 아이들을 도와야만 하는 존재인 것이다. 선생이 자기가 경험한 상처를 잘 치유할 경우 적어도 그 부분에 대해서는 성숙한 삶의 자세를 갖게 되고, 자신이 경험하고 극복한 그 상처를 자양분으로 다른 존재 특히 아이들의 상처를 치료할 능력을 갖게 된다.

II부

선생님,
당신은 누구십니까?

1장

상처 입은 치유자[13]

---

13) 헨리 나우웬의 책, 『상처 입은 치유자』에서 차용

·

일찍이 시인 랭보는 "상처 없는 영혼이 어디 있으랴!"라고 읊었다. 인간은 태어나서 죽기까지 개인적으로, 사회적으로, 경제적으로, 정치적으로, 문화적으로, 심지어 영적으로까지 많은 불평등과 차별, 세뇌와 강제, 왜곡과 질시 등을 경험하면서 그 상처를 안고 살아간다. 또한 우리 각자와 우리 문명에 내재한 수많은 욕망을 충족하지 못하는 데서 오는 고통과 좌절로도 상처를 주고받는다. 삶을 뒤틀리게 하는 온갖 사회적 장치들과 마실수록 갈증이 나는 욕망이 우리의 삶을 규정하는 요인이라면, 우리가 현실에서 개인적으로, 사회적으로 자유로운 삶을 살 수 있는 길은 무엇인가?

인간은 사회적, 관계적 존재다. 사회적, 관계적 존재인 인간의 삶에서 상처는 필연적인 것이다. 따라서 우리가 물어야 될 것은 먼저 개인이나 집단이 가급적 적은 상처를 주고받을 수 있는 사상이나 장치들이 무엇인가이다. 나아가 기왕에 주고받은 상처를 개인과 집단이 어떻게 극복하고, 그 극복의 힘을 통해 어떻게 다른 존재나 집단의 상처까지도 치유할 능력이 되게 할 것이냐, 하는 것이다. 여기서는 자신이 겪은 상처를 치유하고 그 치유의 힘으로 다른 존재의 상처까지를 치유할 존재로서의 선생에 대하여 말하고자 한다. 아울러 과거와의 화해에 매달려 현재와 미래의 희망을 도외시하는 위험성을 극복해야 하는 존재로서의 선생에 대해서도 언급할 것이다.

상처를 입은 주체는 개인만이 아니다. 사회와 국가와 문명도 상처를 입는다. 상처의 원인도 개인적인 것과 사회적인 것 그리고 문명적인 것으로 나누어 볼 수 있겠다. 여기서는 상처의 원인은 여러 가지일 수 있겠지만 상처 입은 주체를 개인(학생)으로 국한시켜 이야기를 전개할 것이다.

1. 상처 입은 치유자로서의 선생

'선생'을 말 그대로 풀어보면 '먼저 난 사람'이라는 뜻이다. 세상을 많이 산 사람일수록 더 많은 경험을 하고 살았다고 본다면, 그만큼 상처도 많이 주고받고 살아온 존재라는 뜻도 되리라. 그런 선생은 상처 입은 아이들과 살아야 하는 존재다. 따라서 자신의 상처를 극복하고 아이들을 도와야만 하는 존재인 것이다. 선생이 자기가 경험한 상처를 잘 치유할 경우 적어도 그 부분에 대해서는 성숙한 삶의 자세를 갖게 되고, 자신이 경험하고 극복한 그 상처를 자양분으로 다른 존재 특히 아이들의 상처를 치료할 능력을 갖게 된다. 반대로 치유되지 않은 상처는 자신은 물론 주변 사람들까지 해치는 흉기가 된다.

과거의 상처가 현재 내 삶에 미치는 영향을 잠깐 들여다보는 것으로 '상처 입은 치유자로서의 선생' 이야기를 시작한다.

나는 개인적으로나 조직적으로 수평적 관계 즉 친구들이나 동지들과 관계를 비교적 잘 맺고 사는 편이다. 그런데 처음부터 내가 친구나 동료 혹은 동지들과 관계를 잘 맺고 산 것은 아니다. 고등학교를 졸업할 때까지 내게는 친구가 하나도 없었다. 같이 학교를 다닌 동창들은 많았지만 그들과 개인적으로 친한 관계를 맺고 그 관계가 잘 유지되어 본 적이 없다. 왜 내게는 고등학교 때까지 친구가 없었을까?

나는 일곱 살 때 홍역을 앓았다. 당시(1963년) 시골에서는 병원에 가지 않고 집에서 홍역을 앓았는데, 그때 나와 절친한 친구가 홍역을 앓다가 죽었다. '용'이라는 친구였는데, 소설에서처럼 극적으로 그는 홀어머니의 외아들이었다. 내가 홍역에서 회복되어 어머니 손을 잡고 용이네 집에 갔을 때 용이 엄마는 나를 꼭 껴안고 한참을 흐느끼셨다. 나는 그때 다시는 용이를 볼 수 없다는 것을 알았고 그 누구에게도 용이에 대해 물어서는 안 된다는 것도 직관으로 알았다. 물론 당시에 누구도 용이가 죽었다고 내게 말해준 사람이 없었다. 용이 엄마는 그 후 우리 마을을 떠났고 나는 우리 어머니께 용이와 관련된 어느 것도 묻지 않고 살았다.

그의 죽음 이후 나는 죽음의 공포에 시달렸다. 어떻게 하면 어머니와 내가 죽지 않을 수 있을까 많은 궁리를 해보았지만 일곱 살 꼬맹이에게는 너무나 막연하고 큰 질문이었다. 친구가 죽어 슬프기도 하였지만, 그것보다 장차 나와 우리 어머니가 죽을 것을 생각하면 밤에 잠이 오지 않았다. 게다가 우리 문화는 죽는다는 것이 무엇인지, 죽음 이후에는 어떻게 되는지를 어린 것이 함부로 물을 수도, 물어서도 안 된다는 것쯤은 나도 알고 있었다. 그래서 그 누구에게도 죽음에 관해 묻지 못하고 스스로에게만 묻고 답하면서 중학생이 되었다.

그런데 중학교에 들어가 친하게 된, 용이 이후 처음 친구가 된 '기서'가 여름방학 중에 익사 사고를 당했다는 말을 개학 후 듣게 되었다. 당시에는 시골 가정집에 전화가 없었다. 설사 전화가 있었다 하더라도 몰랐을 것이다. 아이들이 죽으면 알리지 않고 곧바로 묻어버리는 것이 당시의 풍속이었기 때문이다.

내가 학창시절에 낯선 친구들을 만나 가까워지지 못했던 것은 아마도 누군가와 친해지면 그를 잃을지도 모른다는 무의식이 작용하지 않았나 하는 생각이 든다. 지금도 '용'이와 '기서'와 어울려 놀던 기억들이 남아있다. 용이와는 한 번도 싸우지 않고 사이좋게 단짝으로 어울려 놀았다. 그런 친구가 죽어버린 것은 내게 엄청난 상실감을 가져다주었다.

초등학교를 2년 반밖에 다니지 않아서 친구들과 잘 지내는 훈련을 하지 못했기 때문일 수도 있고, 한 학년을 낮춰 6학년 2학기로 다시 돌아간 학교에서 만난 친구들이 원래 1년 후배들이라는 생각

때문일 수도 있었겠지만, 겨우 사귄 친구 기서의 죽음 이후 고등학교까지 친한 친구 하나 없이 학교에 다닌 것은 용이와 기서의 죽음이 가장 큰 영향을 미쳤다는 생각이 든다.

물론 다른 원인 즉, 내 야성적인 기질(초등학교를 거의 다니지 않아 기성의 틀에 편입되지 않았던 관계로 온전히 보전된)과 그것을 되돌아간 학교 제도에 편입시키는 데서 오는 병적인 예민함이 다른 사람들에게 두려움을 주었기 때문이기도 하다. 그러나 친구를 원하면서도 친구를 사귀지 못한 주된 요인은 용이와 기서의 죽음이 준 충격 때문이었을 것이다.

실제로 중학교에 다닐 때 친구를 사귀는 데 있어서 큰 문제가 되었던 것은, 내가 누군가와 절친해지면 그때부터 그 친구가 싫어지는 경험을 하곤 했던 것이다. 그때는 내 마음이 왜 그렇게 작동하는지 도무지 알 길이 없었다. 애써 친구를 사귀고 그(송ㅇ용, 김ㅇ식, 김ㅇ근)가 마음을 열고 나를 받아들이면, 그때부터 그에게서 도망가고 싶은 생각이 들었고, 그래서 친구들에게 마음의 상처를 주곤했다. 서로 친하게 지내다 어느 날 갑자기 아무런 설명도 없이 그를 외면해버림으로써 친구들에게 고통을 안겨준 것을 생각하면 지금도 참으로 미안하다.

용이와 기서의 죽음 이후 유달리 죽음 사건들이 내 눈에 많이 뜨이게 된 것은 나와 관련된 사람들이 많이 죽어서라기보다 '인간의 죽음'이라는, 나로서는 해결할 수 없는 문제가 늘 나와 함께하였기 때문이었을 것이라 생각한다. 일곱 살 이후 수많은 죽음을 보았고, 내가 병들어 죽음이라는 것을 직접 몇 번에 걸쳐 경험하기도 하였고,[14] 죽음에 대한 사람들의 생각을 알기 위해 수많은 책을 읽었다. 그러다 녹색대학에서 '죽음 세미나' 강좌를 개설하여 강의도 해보면서 타인의 '죽음'과 맞닥뜨린 경험과 내 자신의 '죽음' 경험, 죽음에 대한 사유는 어느덧 내 인생에서 가장 큰 스승이 되었다.

에리히 프롬이 『사랑의 기술』에서 개탄한 것은 왜 사람들은 사는 방법에 대해서는 기를 쓰고 학습을 하면서도 사랑에 대해서는 학습하려 하지 않느냐는 것이었다. 나는 거기에 덧붙여 죽음에 대해서도 우리는 어렸을 때부터 학습해야 한다고 생각한다. 인간의 두려움은 대부분 모르는 데서 기인한다. 사는 것과 사랑하는 것 그리고 죽음에 대해 알고 있으면 두려움은 많이 해소될 수 있다.

그런데 마음이 통하면 누구와도 친구가 될 수 있게 된 계기가 찾아왔다. 고등학교를 졸업할 무렵이었다. 집안이 아주 거덜이 나서 오갈 데가 없었다. 먹고 잘 곳도 없고 앉아서 공부할 곳도 없었다. 일단 생존을 위해 국가공무원 시험을 보아 전라북도 고창으로 발령을 받았다. 아는 사람 하나 없는 낯선 타지였다. 그런데 거기서 내 최초의 친구 '조병순'을 만났다. 그는 나와 동갑내기였는데, 당

---

14) 김창수, 『선생님 당신은 어디 계십니까?』, 2021, 내일을여는책, p189~197 부분 요약

시 고3이었다. 초등학교 시절 병을 앓아 2년을 쉬고 복학하여 2년 후배들과 함께 학교를 다니면서 그들과 친구로 살고 있었다.

그는 참으로 부드럽고 한없이 넓은 품을 가진 친구였다. 어렸을 때 병석에서 홀로 긴 시간을 보내면서 많은 책을 읽어 이야기가 잘 통하였고, 사람을 가리지 않고 귀하게 대할 줄 알았다. 병이 진전된 형태가 죽음이라면, 죽음을 곁에 두어본 사람만이 갖는 분별력 즉 본질적인 것과 비본질적인 것을 알아내는 능력이 뛰어난 친구였다. 그는 나와는 대조적으로 그것들을 잘 소화하여 주변 사람들과 편한 관계를 맺으며 살고 있었다.

병순이와 친해진 것은 그가 죽음 가까이 가 보고서도 잘 살고 있었고, 그래서 다시 누군가를 잃지 않고서도 친해질 수 있다는 내 무의식이 병순이를 친구로 받아들이게 한 것 같다. 아울러 그도 나처럼 짧지 않은 시간을 혼자 보냈고 다시 돌아간 학교에서 후배들과 친구로 살았던 공통의 경험이 서로를 친하게 하기도 했다. 그와 1년 반을 거의 매일 어울려 놀았다. 그의 집에서 먹고 자고 출근하고 같이 놀러 다니고 피 튀겨가며 토론하고 그러면서 나는 그의 삶의 폭을 배웠다. 달리 표현하면 내가 어렸을 때 겪었던 상처를 집중적으로 치유하는 시간을 갖게 된 것이다.

'병순'으로 인해 상처가 치유된 덕택에 수평적 관계를 맺을 수 있게 된 나는 사람들과 만나 친구가 되는 일이 어렵지 않게 되었다. 그리고 개인적으로나 공적으로 다른 사람들이 수평적 관계 맺기에

서툴 때 간혹 도움도 줄 수 있게 되었다. 특히 아이들이 친구 사귀기를 잘못할 때 도움을 준 경우가 더러 있다.

시인 복효근은 「상처에 대하여」라는 시에서 "오래전 입은 누이의 화상은 아무래도 꽃을 닮아간다. 젊은 날 내내 속 썩어 쌓더니 누이의 눈매에선 꽃향기가 난다"라고 읊는다. 그 시는 오래전에 입은 누이의 아픈 상처가 치유되면서 또 다른 삶을 수용할 수 있도록 가슴에 여백이 생기게 되어 이제는 잘 익은 꽃향기로 피어났다는, 삶의 성숙한 고백으로 여겨진다. 상처 입은 존재가 자신의 상처를 극복할 때 그 상처의 자리에 아름다운 삶이 피어나고 그 아름다운 삶은 다른 존재를 치유하는 능력이 될 수 있다. 자신의 상처를 극복하고 주변과 건강한 관계를 맺고 살아가는 '병순'이가, 비슷한 경험을 했지만 자신의 상처를 들여다보며 후벼파 대고 그 악취로 주변을 고통스럽게 하던 나를 치료하였고, 그것을 뒷심으로 내가 그 누구의 상처를 지켜봐 줄 수 있었던 그것이 바로 '상처 입은 치유자'인 선생의 역할이다.

아이들이 사회적으로 입은 상처를 치료하는 것도 선생이 소홀히 해서는 안 된다.

한빛고등학교에 재직할 때의 일이다. 외부 출입이 잦은 내 방 청소를 1학년 아이들이 하였는데, 어느 날 출장 갔다 돌아와 보니 아이들이 교장실 책상에 놓여있는 먹을 것들을 청소하다 먹으며 즐거워하고 있었다. 모른 척하면서 교장실에 더 다양한 먹을 것들을 가져다 놓았다. 처음에는 청소 당번들만 와서 청소하며 그것들을 집어먹곤 하였지만 시간이 가면서 소문이 났는지 다른 아이들도 내 방을 찾아오곤 했다. 전원 기숙사 생활이라서 마음대로 먹을 것을 찾기도 어려웠을 테고 한창 먹성이 성할 고등학생 나이에 속이 출출할 만도 하였을 것이다.

물론 내 방에 오는 녀석들에게는 사탕이라도 하나 집어주었다. 사탕 하나로 아이들이 우리 사회에 고정된 권위적 교장 이미지에 틈새와 균열을 내게 할 수 있다면 그 사탕은 이미 아이들의 위계의식을 치료하는 치료약이 아니겠는가? 교장실의 먹을거리는 아이들과 나와의 관계를 밀접하게 하는 매개이기도 하였지만 권위주의적 문화로 인해 상처받은 아이들의 내면을 치유할 계기를 만들어낸 것이다.

1963년 8월 28일 수요일 워싱턴 D.C.에서 워싱턴의 대행진(The Great March on Washington)이 있었다. 이 행진의 목적은 아프리카계 미국인들의 시민적·경제적 권리를 옹호하는 것이었다. 링컨기념관 앞에서 행진을 이끌었던 마틴 루터 킹 목사(1929~1968)는 백만 대중 앞에서 인종 차별의 종식을 촉구하는, 'I Have a Dream'이라는 역사적인 연설을 하였다.

"나에게는 꿈이 있습니다! 나의 네 명의 자녀들이 이 나라에 살면서 피부색으로 평가되지 않고 인격으로 평가받게 되는 날이 오는 꿈입니다. 나에게는 꿈이 있습니다. 조지아주의 붉은 언덕 에서 노예의 후손들과 노예 주인의 후손들이 형제처럼 손을 맞 잡고 나란히 앉게 되는 꿈입니다."

마틴 루터 킹 목사는 흑인이라는 이유로 사회적으로 차별당한 상처를 극복하고 그 치유력을 토대로 흑인해방과 민권운동을 조직 해내 미국 사회의 흑백차별을 극복하는 데 많은 기여를 하였다. 그 는 피부색으로 인간의 능력과 존엄을 평가하는 사회에서 고통을 당하다가 자신의 상처를 넘어서 인종차별의 불의함과 맞서 싸움으 로써 자신과 사회를 치유하는 역할을 하였다. 그곳이 바로 교육과 선생이 자리할 공간이다.

우리는 위에서 개인의 경험에서 오는 상처와 사회적 가치체계에 서 오는 상처를 살펴보고 그러한 상처를 극복할 때 그것이 많은 치 유 능력으로 되살아나는 것을 보았다. 그러면 상처 입은 치유자로 서의 선생이 아이들의 상처와 만날 때 어떤 자세를 가져야 하는가 에 대하여 생각해보자.

2. 치유자로서의 선생의 자세

사람들이 과거의 상처나 현재 어떤 상처를 입었을 때 보이는 반응은 크게 두 가지로 나뉜다. 그 상처를 정면으로 극복하려는 것 혹은 그 상처로부터 도망가는 것이다. 상처에 직접 맞설 경우 그 상처가 가볍거나 누군가의 도움을 받아 그것을 극복할 수도 있다. 그러나 상처와 맞섰다가 자신의 존재가 파괴되는 경우도 종종 있다.

장애를 가진 두 누나와 함께 자란 후배가 어른이 되어 장애인 공동체를 꾸리고 있다. 그는 장애인들에 대한 연민과 동정 그리고 그 일에 대한 의지로 공동체를 시작했고 비교적 헌신적으로 그 일을 수행했다. 그러나 요즘 그는 지치고 황폐한 모습으로 공동체 일을 소홀히 하고 있다. '동정'은 나와 너를 갈라내는 것이고 '연민'은 나와 너의 거리를 일정하게 두는 일이다. 그리고 '의지'로 하는 일은 자신에 대한 강제로서 지속성을 갖기 어렵다. 그가 장애 누이들과 함께 겪은 삶의 경험은 어려운 이웃들에 대한 사랑을 키우기에는 충분하였겠지만 정작 자신이 받은 상처를 극복하지 못한 채 그 일에 열정만을 가지고 뛰어든 것은 이미 실패를 예고받은 것이나 마찬가지다.

어려운 경험을 하고 그것을 외면하거나 그것으로부터 도망치는 건 인간이 본래 지닌 생존본능에서 기인한 것이다. 이런 경우에도 잠시 그 문제를 덮어두었다 어느 정도 뒷심이 생기면 그것을 해결할 수도 있고, 영원히 그 상처로부터 도망을 칠 수도 있다. 개인의 근기와 상처의 크기에 따라 다르지만 사람들은 본능적으로 자신이 어떻게 해야 할 것인가를 알아차린다. 잠시만 기다려주면 자신의 상처 속에서 벗어날 수 있는 아이들을 책망함으로써 더 큰 상처를 입히는 경우가 없는지 돌아볼 일이다.

자신의 상처가 너무나 커서 그리고 그것을 극복할 힘이 너무나 미약해서 멀리 도망을 간 사람에게는 긴 시간 동안 지켜보아 줄 선생이 필요하다. 어쩌면 한 생명이 영원히 자신의 상처 속에서 살다가 그렇게 시들지도 모르기 때문이다.

보육원에서 자란 선배가 있다. 초등학교 때 아직 학교에 들어가지 않은 남동생과 여동생이랑 셋이서 고아원에 맡겨졌다. 어머니가 죽고 아버지 혼자 아이들 셋을 키우다 보육원으로 보낸 것이다. 삼남매는 그 누구도 믿을 수 없는 상황에서 자기들끼리 똘똘 뭉쳐 어려운 시기를 넘겼다. 그 선배가 자신과 동생들의 생존을 위해 고아원에서 보인 반응들은 거의 동물적인 것이었다.

온 나라 사람들이 헐벗고 가난하던 시절, 삼남매는 겨우 강냉이 죽 같은 것으로, 그것도 늘 배가 고픈 상태로 고아원에서 날을 세우고 살았다. 겨울이면 난방이 되지 않는 곳에서 잠을 잤다. 어쩌다 병이 돌아 아이들이 죽으면 동태처럼 꽁꽁 언 시체를 질질 끌고 가서 묻어 주기도 했다. 그는 일흔이 넘은 지금도 두 가지 불안을 안고 살아간다. 아내가 어디 갔다 조금만 늦게 집에 와도 도망간 것이 아닌가 하면서 안절부절못하고, 밥 먹을 시간이 조금만 지나도 불같이 화를 낸다. 누구에게 버림을 받아 생존의 벼랑 끝으로 내몰려 본 경험을 한 사람은 누구도 믿기 어려운 심성을 갖게 된다.

그런데 천만다행히도 그는 30대 초반에 어머니 같은 분을 만나 자신의 상처를 치유할 수 있는 계기를 잡게 되었다. 그 선배는 결혼하고서부터 부인을 따라 성당에 다니고 있는데, 그러저러한 인연으로 수도생활을 하고 있는 수녀 한 분을 만나게 되었다. 그들은 서로 모자지간처럼 수십 년간을 지내오고 있다. 그야말로 한 걸음 한 걸음씩, 결코 두 걸음을 떼는 법 없이, 그가 자신의 상처를 치료하는 것을 부인과 자식들 그리고 주변 사람들이랑 함께 지켜보고 있다.

수많은 사연으로 삶이 왜곡된 사람들이 그것들로부터 해방되지 못하고 고통스럽게 죽어가는 것에 비하면 그는 어쩌면 행운아인지도 모른다. 그러면 상처투성이인 아이들을 선생은 어떤 자세로 도와야 하는가?

가끔 우리 사회에도 방언이 참 많다는 생각을 한다. 언어의 바벨탑을 쌓아 동일한 언어의 깃발을 내세우고 유지하면서 뭉쳐서 살아가자는 집단주의적 관점 그리고 다른 어떤 상상력도 허용하지 않는 기계적 언어로 세계를 통일하려는 끔찍한 시도들도 문제지만, 같은 말인데도 참 다르게 쓰이는 것도 가슴 아픈 일이다. 우리가 얼마나 자의적으로 세상을 보고 다른 사람과 소통하는지 몇 가지 예를 보자.

첫아들을 낳았을 때 여기저기 연락을 취한 적이 있다. 그때 사람
들이 보인 반응이 내 모습과 같아 기억하고 있다. 아이를 낳았다는
것을 사실로 나열하면, '새로운 생명이 탄생했다. 산모와 아이 모두
건강하다. 아들이다'가 전부다. 생명이 존중되는 정상적인 사회라
면 사람들의 반응은 '새로운 생명이 탄생하여 기쁘다. 축하한다. 산
모와 아이는 모두 건강하냐. 그 아이는 하느님이 사람의 모습을 하
고 네게로 온 것이다. 잘 모셔라. 성별은 무엇이냐?' 등일 것이다.
너무 거창한 요구인가? 그런데 사람들은 새로운 생명의 탄생을 축
하하는 말은 생략하고 성별이 무엇이냐가 제일 관심거리였다.

학교에서도 블랙코미디가 많다. 담임선생이 자기 반 학생이 다른
선생을 만나 상담할 경우 굉장히 불쾌하게 생각한다. 자신의 역할
을 제대로 잘 하고 있는가에 대해 반성하기는커녕 자신의 일을 빼
앗겼다고 생각하고 아이와 상담한 교사에게 시비를 건다. 그의 관
심은 아이가 무엇 때문에 고통스러운가가 아니다. 아이에게 누가
도움을 줄 수 있느냐도 아니다. 아이의 상처가 무엇인지도 묻지 않
고 아이를 나무라면서 자존심에 상처를 받았다고 고함을 지른다.

그러면 상담을 한 교사의 경우는 어떠한가? 제발 그의 관심이 어
떤 아이가 자기 담임을 제치고 뭔가를 말하기 위해 자신에게로 왔
다는 점에 만족하지 않았으면! 그리고 그 누구도 아닌 '자신'과 상

담한 아이가 좋아졌다느니, '자신의 말'대로 아이가 했다느니 하면서 좋아하는 아만심(我慢心)을 갖지 않기를! 아이는 뭔가 고통스러웠고, 자신이 처한 상황을 이겨내는 것에 관심이 있지 상담자가 담임이냐 아니냐에는 관심이 없다. 자신에게 도움을 줄 수 있는 상담자가 친구일 수도, 담임일 수도 아니면 그 누구일 수도 있는 것이다. 그리고 중요한 것은 그의 고통이 잘 해결되는 것이다.

'내 말이 맞지?'라는 말로 아이들의 상처를 들쑤시는 치졸한 의식 수준으로 상담할 것 같으면 당장 그 일을 집어치우라고 하고 싶다.

상처 입은 치유자로서의 선생은 아이들을 대할 때 아만심에서 자유로워야 된다. 아이가 상처로 고통스러워하고 있다면 그 문제를 극복할 수 있도록 누가 어떻게 도와야 하는지 그리고 언제 도와야 하는지 그것을 볼 줄 알아야 한다.

3. 열린 세계를 향하여!

예수는, 그날의 분노는 그날 털어내라고 말한다. 부정적인 상황에서 빨리 벗어나 부정적인 의식에 오래 머물지 말고 쌓아두지 말라는 뜻이다. 과거에 입은 상처가 현재의 자신을 규정하고, 그 상처가 자신과 주변 사람들을 괴롭히는 요인으로 작용하고 있는 것조차 알아차리지 못하거나 인정하지 않는 것도 문제지만, 자신의 상처의 노예가 되어 퇴행적인 삶을 강화하는 것도 큰 문제다. 부정적인 집중은 부정적인 상황을 심화, 확장시킨다.

'상처 입은 치유자로서의 선생'은 아이들이 겪은 불행한 경험이나 아이들이 자기 자신에게 갖는 콤플렉스에 지나치게 집중하지 않도록 돕는 존재여야 한다. 아이들이 자신에게 부정적인 집중을 하지 않고 자신에게 열려진 세계로 시선을 돌릴 수 있게 하는 데는 세 가지가 있다. 아이들이 비극적 상황이나 기억을 잊을 수 있도록 하는 1)신명나는 상황 조성, 2)자신의 장점에 주목하게 하기 그리고 3)열려진 미래로의 존재 의미를 묻게 하기다.

현대 정신과에서 환자를 치료할 때 주로 채택하는 요법 중 하나가 로고테라피(의미치료요법)다. 과거 정신과 치료가 환자에게 고통스러운 과거를 기억하게 하고 그것을 하나씩 교정해가는 방법을 취했던 것과 달리 환자에게 미래에 남겨진 삶의 희망을 묻게 함으로써 과거의 상처까지 극복할 수 있다는 입장을 가진 치료요법이다.

로고테라피 요법의 창시자인 빅터 프랭클은 자신이 직접 포로로서 경험한 아우슈비츠 수용소 생활을 니체를 인용하여 요약한다.

"살아가야 할 이유가 있는 사람은 어떤 방식으로든 견딜 수 있다."

우리는 레마르크(독일 소설가, 포로수용소 체험)류의 수많은 문학과 예술작품을 통해 나치의 유대인 학살 참상과 세계의 희망 없음

을 듣고 보았다. 그러나 프랭클은 아우슈비츠에도 황홀한 저녁노을
이 있었고 뺨을 스치는 바람이 불었다고 말한다.

> 작은 창문을 통해 저녁노을에 빨갛게 물들어 있는 산꼭대기를
> 바라보는 우리들의 얼굴을 만일 누가 보았다면, 그는 그것이 삶
> 의 모든 희망과 자유를 빼앗긴 사람들의 얼굴이라고 믿지 않았
> 을 것이다. 모든 것을 빼앗겼음에도 불구하고 – 아니 어쩌면 그
> 것 때문에 – 우리는 자연의 아름다움, 그토록 오랜 세월 동안 깨
> 닫지 못하고 지나쳤던 자연의 아름다움에 넋을 잃었던 것이다.
> – 빅터 프랭클 『죽음의 수용소에서』 중에서

죽음이 일상을 지배하는 포로수용소일지라도 존재 그 자체의 아
름다움을 깨달은 수감자가 어떻게 미래로의 회로를 차단시키겠는
가? 자신의 존재 의미는 삶을 미래로 초대하는 초대장이다. 인간이
정작 두려워하는 것은 고통이나 죽음이라기보다 이웃과 세계와의
단절일지도 모른다. 자신이 죽게 되는 상황보다 더 두려운 것은 아
무도 자신을 보아주지도 기다려주지도 않는다는 것을 확인하는 것
이다. 그 누구인가와 혹은 그 무엇인가와 만나야 되는 이유가 있는
사람에게는 미래가 있다. 그러나 아무도 기다리는 사람이 없는 상
태의 수술을 앞둔 환자에게 내일은 회복의 날이 아니라 죽음의 날
이 된다. 누군가가 주의 깊게 자신의 말을 들어주고, 용기를 북돋우

는 말 한 마디를 남길 때 그리고 기다리고 있겠다는 말을 진심을 담아 전할 때 그에게는 없었던 내일이 존재하게 된다. 희망은 인간을 구원한다.

선생은 아이들에게 내일에 대하여 말할 수 있어야 한다. 그러기 위해서는 선생이 먼저 자신이 살고 싶은 세상에 대한 꿈이나 자신이 하고 싶은 일들을 가지고 있어야 한다. 그리고 누구에게나 고통스러운 과거가 있지만 자신들이 채워가야 할 인생의 여백이 있음을 알려주고 상기시켜주고 자신의 내면의 깊이를 더해가야 한다. 인간은 자신의 깊이만큼 어려움을 극복할 힘을 갖게 되기 때문이다. 그 힘으로 상처 입은 아이들을 도울 수 있다. 우리가 아이들을 어떻게 만나느냐에 따라 아이들의 삶이 퇴행적일 수도, 희망적일 수도 있다.

사람들은 알게 모르게 수많은 콤플렉스를 가지고 산다. 우리는 서로의 차이가 차별의 근거가 되기도 하고 서로에게 위협의 무기가 되기도 하는 세계에서 살고 있다. 이러한 사회적, 문명적 위기속에 거의 대부분의 사람들이 휩쓸리며 산다. 인간이 태어날 때 미추가 어디 있으며 이데올로기가 어디에 있겠는가? 피부색이 다르다고, 여자로 태어났다고, 돈이 없다고, 키가 크거나 작다고, 종교가 어쩌고저쩌고, 생김새가 이러쿵저러쿵 등 수많은 찢김의 문화에서 열등의식과 상처로 고통스러워한다. 차별이나 왜곡은 처음에는 밖에서 온다. 그러나 시간이 지나면서 점차로 자신이 자신을 왜곡

하고 그것을 내면화하면서 자기 자신에 대한 부정적인 상을 형성한다.

아이들이 자신의 의지와 무관한 이러한 가치체계로부터 오는 상처에서 벗어나게 하는 방법은 아이들이 자신의 장점에 주목하게 하는 것이다. 부정적인 상황이나 의식에 아이들을 오래 머물게 하지 말라고 위에서 이미 언급했다. 태생적으로 지닌 신체적 조건은 그냥 그러함이라고 말해야 한다. 자신을 둘러싼 환경도 주어진 것이라고 말해야 한다. 그러한 설명들이 이성적이라 하더라도 오랫동안 그런 것들을 생각하게 하는 것보다는 아이들이 갖는 장점을 자주 말해주고 그것을 키워가도록 격려하는 것이 훨씬 바람직하다.

한빛고등학교 시절 교장실을 자주 들락거리던 학생 중 하나가 '민영'이다. 어느 날 저녁 교장실로 찾아온 민영이가 자신은 메이크업 아티스트가 되겠다고 말했다. 자신이 못생겨서 당한 서러움이 큰데, 같은 고통을 당하는 사람들을 예쁘게 해주고 싶다고 했다. 그와 함께 있으면 저절로 즐거워지는 생기발랄한 아이였는데, 그가 마음 깊은 곳에 그런 아픔을 감추고 있을 줄은 생각조차 못하고 있었다. 그의 말 속에는 몇 가지 이야기가 섞여 들어있다. 자신이 못생겼다는 현실진단과 그것으로 인한 상처가 아프다는 것 그리고 비슷한 처지의 사람을 도우며 살겠다는 자신의 존재 의미 등이었다.

여기서 선생은 크게 두 가지 이야기를 아이에게 해줄 수 있어야 한다. 지금 학생이 입은 상처가 근거가 없는 것이라는 것을 짧게,

그리고 학생이 이미 갖고 있는 아름다운 마음과 발랄한 생기가 그 무엇보다 귀한 점이라는 것을 강조해서 말해주어야 한다.

먼저 아이의 고운 마음을 칭찬해주고 그러한 생각을 할 수 있는 아이를 누구나 좋아할 것이라는 것을 말해주었다. 사람이 잘생기고 못생겼다고 판단하는 것들이 절대적인 것이 아닐뿐더러 돈벌이의 수단으로 쓰인다는 것을 말해주었다. 민영이가 자신이 못생겼다고 생각하는 의식을 가지고 그 일을 하면 평생 행복할 수 없으리라는 이야기도 해주었다. 자기의 콤플렉스를 극복하지 못하고 그대로 보며 사는 삶은 불행한 삶이기 때문이다.

그러나 여기서 중요한 것은 아이의 장점으로 빨리 국면을 전환하는 것이다. 다행히 누가 보아도 민영이는 옆에만 있어도 기분이 좋아지는 아이여서 쉽게 그의 장점을 가지고 많은 말을 진지하게 나눌 수 있었다. 그는 지도력도 뛰어났고 노래도 참 잘하는 아이였다. 스스로 맘에 들지 않는 것들에 신경을 덜 쓰고 맘에 드는 점에 관심을 많이 가지고 사는 것이 행복하게 살 수 있는 길이라는 것도 말해주었다.

아이들이 자신의 상처를 딛고 열린 세계를 지향할 수 있게 하는 데 있어서 중요한 세 번째는, 아이들이 처한 비극적 상황을 재미있고 신나는 국면으로 전환시키는 것이다. 다행히 아이들에게는 상처를 입어도 그것을 극복하는 자연성과 유연성이 어른들에 비해 많이 살아있다. 성적 문제로 비관하여 자살한 친구 추모식에 참석한 학생이 곧바로 다른 친구들과 어울려 농구를 하는 것을 보고 어른들은 이해하기 어렵다고 한다.

아이들에게는 자신의 상처나 자신이 당면한 비극적 상황에 지극한 고통을 느끼는 기제가 있지만 동시에 자신이 살아있음으로 해서 오는 삶의 축제성 또한 온 존재로 느끼고 살아간다. 아이들에게 그 양 극단은 모순되거나 충돌하지 않는다. 아이들은 인간이 자연적으로 갖는 유연성과 수용성을 자기 존재에 비교적 온존시키고 있다. 삶에 대한 유연성과 수용성은 극단적 상황을 통합적으로 보게 한다. 장례식과 축제를 동시에 보아야 하는 경우 어른들은 대부분 자기 분열과 무감각 나아가 형식주의로 그 상황을 넘어간다. 그러나 아이들은 삶과 죽음을 어른들보다는 '비적대적 모순'으로 파악하는 자연성을 덜 잃고 사는 존재이다!

교육현장에서 가장 필요한 사람 중 하나가 사람들을 즐겁게 해주는 선생이다(이하 '딴따라'라 칭함). 억지로 사람들을 웃게 하거나 특정 존재에게 상처를 주면서 많은 사람에게 기쁨을 주는 딴따라는 하수 중 하수다. 또한 어릿광대 식의 딴따라도 바람직하지 않다. 여기서 말하는 딴따라는, 본인은 물론 자신과 함께 있는 모든 사람을 즐겁게 하는 사람이다. 딴따라는 상처 입은 치유자다.

우리가 술을 마시는 것은 자신을 억압하고 있는 제반 기제들로부터 해방되고자 함이다. 술의 힘을 빌어서만 자신을 개방하고, 그런 상태로 다른 사람들과 만나서 이야기할 수밖에 없는 상황은 비극적이다. 그러나 술을 마시지 않아도 취하게 하고 자신을 드러내게 하고 그래서 사람들끼리 서로 교통케 하는 딴따라가 바로 상처 입은 치유자로서의 선생의 모습이다.

학교 현장의 딴따라는 여러 중층적 관계에서 필요한 존재다. 특히 상처 입고 고통 가운데 있는 아이들의 신명을 회복시키는 일은 아이들을 위한 미래로의 다리를 놓는 일일 것이다. 봄에는 온통 초록빛 동색이다가 가을 햇볕에 각양각색의 자기 색깔과 모양을 찾아가는 온갖 나뭇잎들처럼, 선생의 날개 아래서 성장하며 삶의 축제성과 자신의 장점 그리고 삶의 의미를 찾아가는 아이들을 상상하며 선생 노릇에 나설 일이다.

2장

인문정신을 사는 자

．

눈 덮인 들판을 걸어갈 때에는 이리저리 어지럽게 걷지 마라.

오늘 네가 걷는 발자국이 뒤따라오는 사람들의 이정표가 되리
니.[15]

— 서산대사(西山大師)

인문학 공부란 인간의 행위(doing) 즉 생각함(thinking)과 말함
(speaking)과 행동함(conducting)에 대한 학습(learning and
practicing) 활동이다. 그 목표는 인문정신의 고양을 통한 '사람됨'
혹은 '사람다움'을 육화해가는 데 있다. '사람됨'이라 함은 맹자의
인의예지(仁義禮智)와 같은 사단의 마음을 갖춘 자(성찰적 지성인)
정도로 이해하면 될 것 같다. 측은해하는 마음[惻隱之心], 부끄러
워하거나 미워하는 마음[羞惡之心], 물러나서 양보하는 마음[辭讓
之心], 옳음과 그름을 변별할 줄 아는 마음[是非之心]이 인문정신
의 핵심이라는 말이다. 이는, 맹자가 스스로에게 요청한 선생의 덕
목임과 동시에 그를 따르던 제자들도 그리 살라고 주문한 것은 아
닐까? 그리고 오늘날 선생이 되고자 하는 우리에게도 인문정신에
충실하게 살라는 유지가 아닐까? 모름지기 선생은 생각과 말과 행
동에서 학생들에게 모범이 되어야만 하는 숙명적 존재니까 말이다.

───────────────

15) 답설야중거(踏雪野中去) 불수호란행(不須胡亂行) 금일아행적(今日我行跡) 수작
후인정(遂作後人程)

1. 불임의 인문학

인문학에서는 아는 것보다는 사는 것이 중요하다. 내가 어떻게 사는지를 알고 살아가는 것이 인문정신이다. 그러나 인문학 공부의 실상을 들여다보면 가르치는 사람이나 배우는 사람이 인문학을 통해 자기 자신을 사람답게 가꾸어 가기보다는 배우는 것 따로 행동하는 것 따로인 경우가 많다. 이런 인문학은 불임(不姙)의 인문학(박민영,『반기업 인문학』)이다.

우리는 대학에서 윤리학 교수가 비윤리적이라든가, 교육학 교수가 반교육적이라든가, 역사학 교수가 반역사적이라든가, 상담학 교수가 상담을 받아야 할 것처럼 보이는 사태들을 수없이 목격하며 학창시절을 보냈다. 그래서 학문과 인격이 따로 노는 전공 교수들을 놓고 학생들 간에 희화적 농담들이 유통되는 걸 보는 것은 그리 어렵지 않았다. 인격과 상관없이, 아는 것과 사는 모습이 분리되어도 일정한 형식적 자격요건만 갖추면 교수가 될 수 있는 근대교육 구조의 한계 때문이다.

이런 인습의 기원은 고대 그리스까지 거슬러 올라간다. 고대 그리스는 고원에 자리한 폴리스 연합국가였다. 기후는 여름은 덥고 건조하고 겨울은 온난하고 습한 지중해성 기후(Cs기후)였고, 토양은 석회암 풍화토로 이루어진 카르스트 지형으로 주곡인 밀 생산에 부적합했다. 이 때문에 포도나 올리브 등의 과일을 주로 생산했고, 양을 길렀지만 밀은 이집트에서 수입했다.

문제는 밀 수입에 드는 막대한 비용이었다. 늘 경상수지 적자를 면치 못했기 때문에 비용을 적게 들이면서 주곡을 확보할 수 있는 방안을 모색하게 되었다. 그것이 바로 식민지 확보였다.[16] 그런데 식민활동에 있어서 나름의 논리적 타당성과 심리적 자기 위안이 필요했기 때문에[17] 자신들을 합리화시켜줄 도구를 찾게 되었다. 그것이 바로 사변철학이 발달한 고대 그리스에서 소피스트들에 의한 논리학과 수사학이 발달하게 된 배경이기도 하다. 남의 것을 뺏어먹고 살아도 마음 편할 수 있는 그럴듯한 논리를 개발하여 이론과 실제가 분리되는 사태에 대처한 것이다.

사실과 논리가 충돌할 때, 동양의 전통은 사실을 중요시하고 논리를 거부하는 경향이 지배적이었지만 서양은 사실과 논리(법리)가 달랐을 때 논리가 우선 인정되는 인습이 그때 만들어졌다. 그 인습이 고대 로마와 중세를 거쳐 근대와 현대까지 이르면서 아는 것과 행동하는 것이 달라도 얼마든지 근대식 학교제도에서 선생 노릇을 할 수 있게 된 것이다. 그 연장선상에서, 서구 중심의 문화가 세계에 지배적으로 유통되고 있는 현재, '홍익인간'이라는 교육이념과는 거리가 먼 우리나라 교육도 입시 위주의 교육에서 수월성을 보이는 교사들이 활개를 치고 있다.

---

16) 고대국가들의 식민 활동의 주된 목표는 식량과 노예 확보에 있었다.
17) 19C 서유럽국가들이 내세운 식민사관도 식민종주국의 지배가 피지배국가에 도움이 된다는 논리였다.

인문정신의 고양과 실천은 무엇을 전공하건, 어떤 분야에서 활동을 하건 간에 필요한 덕목이다. 인문학 공부가 불임이 되지 않고 사람을 변화시키게 하려면 반성적 이성과 성찰적 이성의 발달이 필요한데, 사실상 근현대 공교육에서는 지식전달 수준의 교육이 만연한 상태다. 이런 지행불합일, 학행불일치의 사태를 극복하려면 학생들로 하여금 어려서부터 학습활동을 통해 자기반성과 성찰을 몸에 스며들게 해야 한다. 그러기 위해서는 선생이 먼저 인문정신을 실천하는 존재여야 한다.

2. 자기의식의 각성

　　그러면 인문정신으로 살아가기 위해 필요한 가장 우선적 과제는 무엇인가? 흔히 서양 근대를 특징짓는 말로 '개인'의 탄생을 말한다. 절반은 맞는 말이지만 절반은 생각해봐야 할 필요가 있는 말이다. 근대적 '개인'의 탄생은 '주체'의 탄생을 의미하는데, 근대에 출현한 개인을 권리와 향유의 측면에서 보면 그 말이 적합하다. 그러나 책임과 의무라는 측면에서 보면 개인이나 주체는 역사시대 이후로 늘 존재해왔다고 해도 부분적 타당성을 갖는다. 물론 이때의 책임과 의무라는 말은, 권리와 향유를 누리는 만큼 거기에 합당한 책임과 의무가 따른다고 하는, 근대사회에서 통용되는 단어의 뜻과는 일치하지 않는다. 신분제 사회에서 '생각하는 주체'는 사제와 왕, 영주 등의 지배계층들이었다. 백성들은 '내'가 생각하면 안 되고 오직 생각하는 주체인 '주인'의 명령에 따라 살아야만 하는 예속민들이었다. 권리나 향유는 그들의 것이 아니었고 오직 복종과 헌신과 충성에서만 주체 역할을 요구받는 존재들이었다.

역사적으로 권리의 주체와 향유의 주체로서의 개인의식의 맹아가 싹트는 데는 중세에서 근대로의 이행기(15~16C)에 벌어진 르네상스 운동과 종교개혁이 크게 작용했다. 르네상스 운동의 인문정신은, 신과 영주와 국가 혹은 사회와 가문 등만이 주체로서 절대타자였던 것을 넘어 개인도 주체가 될 수 있는 문을 열어 놓았다. 그리고 만인사제설에 따라 교황과 성직자들만이 주체로서 집단 안에 속한 사람들을 대신하여 하느님과 소통할 수 있다는 교리를 넘어 개인도 신과 직접 소통할 수 있음을 정당화시킴으로써 개인의 탄생을 촉진한 것이다.

르네상스의 인문정신과 종교개혁의 개인의식의 맹아는 17~18C 데카르트와 라이프니츠, 스피노자와 흄, 칸트와 헤겔을 거치면서 철학적 정당성의 근거를 확보했다. 중세와 근대의 교차점에 있었던 데카르트는 '생각하는 주체'로서 개인을 선언한다. 그는 신이 가졌던 전지전능한 신성을 인간의 본유관념으로 대체하였는데, 본유관념 안에 이성이 있다고 여겼다. '나는 생각하는'데, 그 생각은 명석판명(clear and distinct)할 수밖에 없었다. 주체는 타자를 알 수가 있다고 하는 폭력적 사유가 거기에 들어있었던 것이다.

칸트의 '선험적 주체'도 시간과 공간이라는 감각의 두 형식을 통해 주체에게 다가온 감각 대상을 오성을 통해 선택적으로 표상하여 주체 앞에 세우는 폭력성을 여전히 벗어나지 못했다. 헤겔은 인정투쟁을 통과해야만 비로소 참다운 주체가 될 수 있다고 함으로써 비로소 상호 주체 개념의 실마리를 열었다. 하지만 그 역시 주체의 피지배자에 대한 독점적 폭력성을 탈피하지는 못했다.

하이데거에 이르러 주체란 어떤 힘이나 권위에 의해 주어진 것이 아니라 세계에 무작위로 던져진 존재라고 선언함으로써 비로소 누구나 주체가 될 수 있는 길이 열렸고, 푸코는 역사적 주체의 독점적 폭력성을 경계하면서 자기주도로 자기 자신을 관리하고 통제할 줄 아는 '자기 배려의 주체'를 이끌어내었다. 이것이 바로 현대 포스트모던 철학에서 서로 주체, 상호 주체의식을 확립하게 된 과정이다.

근대적 주체성은 타자를 동일자로 환원하는 폭력적인 주체성이었다. 그 결과 유럽은 서유럽 이외의 지역을 식민지화하여 현지의 주민들을 억압하고 착취하였고 두 차례의 세계대전과 인종차별에 따른 무자비한 인종학살을 자행했다. 또한 생태계를 인간의 목적 달성을 위한 도구로만 보고 무자비하게 유린했다. 그러한 역사적 배경에 그들의 이성과 주체성이 도사리고 있었던 것이다.

물론 이성과 주체성 자체가 악은 아니다. 다만 그것들이 자기중심적이 될 때, 자신들에게는 기회요 축복일지 모르나 그들을 제외한 나머지 국가나 인간 나아가 생태계에는 치명적인 재앙이 되었던 것이다. 이러한 여러 사태를 경험한 서구와 비서구는 이성을 넘어서 감수성을, 자기중심적 주체성을 넘어 서로 주체성을 발견하게 된다. 그런 과정에서 탈근대주의가 대두하게 되었고, 탈근대주의는 '자기의식'을 발견하게 된다.

자기의식을 각성하지 않고서는 인문정신의 실현은 첫발도 떼기가 어렵다. 나는 이렇게 생각하고 너는 그렇게 생각하고 그 모든 것들이 서로 존중받아야 한다는 의식이 자기의식의 각성이다. 그래야 '자기다움'을 상호 인정할 수 있다.

아래 인디언의 격언만큼 자기의식 확보의 중요성을 뚜렷이 알려주는 말도 찾기 어려울 것이다.

내 뒤에서 걷지 말라. 난 그대를 이끌고 싶지 않다.
내 앞에서 걷지 말라. 난 그대를 따르고 싶지 않다.
다만 내 옆에서 걸으라. 우리가 하나가 될 수 있도록.
- 인디언 격언

3. 도덕적 딜레마

그러면 근현대를 거치면서 확립된 주체의식을 가진 인간은 왜 도덕적으로 온전하게 살 수 없는가? 일찍이 플라톤은 인간이 도덕적으로 온전한 삶을 살고자 하나 그러지 못한 것을 인간의 무지, '도덕 이데아'에 대한 무지에서 원인을 찾았다. 그는 알면 그것에 따라 살 수 있다고 실제로 믿었던 것 같다. 천상의 세계에서 온전한 상태로 존재하고 있던 인간의 영혼이 어떤 이유에서인지 몰라도 이 지상으로 유배될 때, '레테의 강'을 건너면서 천상계에서의 기억을 다 잊었기 때문에, 그 기억을 상기하면 이 세계에서도 온전한 인간이 될 수 있다고 믿었던 것으로 보인다. 그러나 오늘날 우리의 시각에서 보면 도덕과 관련된 지식을 아무리 많이 쌓아도 도덕적으로 온전하게 살기가 쉽지 않다는 것을 알 수 있다. 아리스토텔레스는, 아는 것을 넘어 아는 것을 실천하는 것이 중요한데, 우리가 도덕적으로 잘 살지 못한 것은 '용기의 부족', '의지의 나약함' 때문이라고 말한다.

그런데 헤겔은 '도덕법칙의 충돌'이라는 개념을 제시함으로써 인간의 도덕적 삶에 대한 제3의 해석을 내놓았다. 인간이 도덕적으로 온전하게 살지 못하는 것은 무지 때문일 수도 있고 의지의 부족 때문일 수도 있지만, 실존적 인간이 선하게 살려고 노력해도 개인 안에서 선의지들이 충돌하기 때문에 인간의 온전한 삶은 불가능하다는 것이 그의 주장이다. 마이클 센델도 도덕적 딜레마 상황을 예시로 들면서 시민적 합의의 중요성으로 결론을 맺는데, 시민적 합의의 정당성 확보 문제가 과제로 남는다.

'장발장'은 배고픈 조카들을 위해 빵을 훔치다 19년 동안 감옥 생활을 한다. 굶주린 어린 조카들을 위해 빵을 훔친 것은 개인적인 의무와 사회적 규범이 충돌하는 사태다. 조카들에 대한 사랑이라는 선의지와 도둑질해서는 안 된다는 사회적 가치(조카들을 살려야 한다는 의지와 사회적 규범을 지켜야 한다는 의식)가 장발장 개인 안에서 충돌할 때 그는 사랑을 택한다. 이것이 바로 헤겔이 말한 선의지의 충돌이다. 이런 예는 임신중단의 경우에서도 볼 수 있다. 산모가 위급할 때 산모를 살리기 위해 뱃속의 아이를 희생해야 하는가 아니면 위험을 감수하고서라도 아이를 낳게 하는 것이 옳은가 하는 것은 선의지의 충돌 사례에 해당할 것이다. 우리의 삶은 수도 없는 이러한 도덕적 딜레마 상황에 처하게 된다. 한쪽을 선택하면 선택한 쪽에는 선이지만 선택을 포기한 쪽에는 악이 된다.

사회복지법인 '고창행복원' 총무 시절에 아이 한 명을 입양시키고 나서 마주친 상황은 내가 겪은 대표적인 선의지의 충돌이었다. 아이를 입양해간 엄마가 필요한 서류를 기한 안에 꾸려주지 않아서 여러 번 독촉해 겨우 서류를 건네받았는데, 뒤돌아서서 나오는 나에게 그녀가 봉투 하나를 내밀었다. 마치 이것 때문에 독촉한 거 아니냐는 듯한 비웃음 섞인 표정이었다. 순간적으로 그 봉투를 받아야 할지 말지 망설이게 되었다. 그때 영양실조로 부스럼이 난 우리 아이들이 생각났고, 등록금이 없어 고등학교에 진학하지 못한 여학생들도 생각났다. 그 봉투를 받고 돌아서면서, 나 자신의 순수성을 지키려고 나 자신은 물론 조직마저 훼파하는 짓은 하지 않고 살아야겠다는 결심을 하였다.[18]

우리가 경험하는 선과 악이라는 것은 상대적 가치에 속한다. 누구의 시선으로 보느냐에 따라 선이기도 하고 악이기도 하다. 따라서 이런 사실 앞에서 우리가 취할 태도는 역지사지와 겸허함일 수밖에 없다.

4. 인문정신

4.1 전체주의의 거부

> 혁명은 전제정과 민주주의 간의 싸움이 아니라 '지배'와 '우애' 사이의 싸움이다.
>
> — 윌리엄 모리스(William Morris, 1834~1896)

---

18) 김창수, 『선생님, 당신은 어디 계십니까?』, 내일을여는책, 2021, p94~95에서 발췌 요약

인문정신의 육화와 더불어 주체의식의 각성은 필연적으로 전체주의의 거부로 이어진다. 전체주의는 거대한 파시즘과 같은 절대 타자적 전체주의도 있지만 우리 안에 들어와 있는 일상적 전체주의도 무시할 수 없다. 특히 내 안에 들어와 있는 전체주의의 극복 없이 역사의 진보는 기대하기 어려울 것이다.

-전체주의(totalitarianism)

전체주의란 민족, 국가, 이념, 종교, 법과 제도와 같은 전체를 개인보다 우위에 두고, 개인이 전체의 존립과 발전을 위해서만 존재한다는 이념 아래 개인의 자유를 억압하고 통제하는 사상 및 체제를 말한다. 국가주의, 자본주의, 공산주의, 인종주의, 민족주의, 국수주의, 식민주의, 가부장주의, 권위주의, 파시즘, 나치즘, 메시아니즘, 근본주의 등이 여기에 속한다.

나치즘의 등장은 히틀러의 쿠데타나 혁명에 의한 것이 아니었다. 독일국가사회주의당은 합법적 선거 절차를 통해 선출된 권력이었다. 영국과 같은 선발 산업혁명 국가들에 비해 후발 산업혁명 국가인 독일은 잃어버린 시간을 만회하려고 애를 썼다. 그 결과 국가 총동원체제가 용인되었고 비스마르크의 철혈정치가 정당화되었다. 독일에 전체주의의 씨앗이 뿌려진 것이다. 거기에다 제1차 세계대전의 패배로 인해 하류층의 빈곤 상태가 극에 달했고, 전승국들의 막대한 배상금 요구와 영토 포기 강요는 독일인 전체의 반발을 샀다. 또한 미국에서 발생한 1929년 경제대공황의 여파가 독일에까지 미쳐서 독일 중산층이 대거 몰락하기 시작했다. 중산층들의 계층 하강 의식은 거의 공포에 가까웠다. 그 틈새를 비집고 대중 선동에 능한 히틀러가 '독일의 영광'을 내세우며 정치 전면으로 나설 수가 있었다. 이런 과정 속에서 히틀러 국가사회주의의 대중조작과 강압정치가 묵인될 수 있었다.

히틀러의 유대인 학살은 전사가 있다. 1920년대 영국과 프랑스, 미국 등 선진 사회는 우생학에 기대어 사회 발전에 나쁜 형질을 가진 사람들(정신병, 장애인 등)에게 단종수술(아이를 못 낳게 하는 수술)을 합법적으로 실시하였다. 그것이 점차 나쁜 형질을 가진 사람들을 (안락사라는 이름으로 포장하여) 죽이는 과정으로 전환되었고, 나쁜 형질을 가진 사람 개개인에서 집단으로 확장되었다.[19] 이런 일련의 과정이 나치가 유대인 등을 대량 학살하는 계기가 된 것이다.

이 세상 그 어느 나라에도
애국 애족자가 없다면
세상은 평화로울 것이다
젊은이들은 나라를 위해 동족을 위해
총을 메고 전쟁터로 가지 않을 테고
……중략……

---

19) 김성환, 『나는 본다 철학을』, 1998, 동녘

이 세상 모든 젊은이들이
결코 애국자가 안 되면
더 많은 것을 아끼고 사랑하며 살 것이고
세상은 아름답고 따사로워질 것이다
　　　　　　　- 애국자가 없는 세상, 권정생(1937~2007)

　전체주의는 개인들의 무덤 위에 세워진다. 전체주의는 국가를 위해, 민족을 위해, 종교를 위해, 이데올로기를 위해, 법과 제도를 위해, 가부장 권력을 위해, 인종을 위해 개인의 희생이나 죽음을 아주 당연한 것으로 간주한다.

　서울 중앙고등학교에서 세계사를 가르칠 때, 제국주의와 전체주의 강의를 하면서 서유럽국가들의 일방적, 자기중심적 주체의식의 폭력성을 목이 터져라 알렸다. 19세기 말의 문화적(기독교) 식민사관, 사회진화론적(자본주의) 식민사관, 인종적(백인) 식민사관은 모두 서유럽인이 세계를 지배하는 것이 문화적으로나 사회경제의 발달로 보나 인종으로 보나 지극히 당연하다는 논리였다. 그 허구성을 학생들이 알아들었으면 하는 열망으로 학생들에게 편협하다는 소리를 들어가면서도 강의를 했다.

　그런데 이런 거대한 전체주의는 조금만 주의 깊게 살펴보면 금방 알 수 있는 것들이기 때문에 위협적이지만 대항할 틈새는 있다.

　2002년 한국과 일본이 월드컵 축구 경기를 공동 주최했다. 그때

온 나라가 운동장과 광장, 집이나 사무실에서 '대한민국!'을 목청껏 외쳤던 기억이 난다. 그런데 내 경우에는 처음 32강, 16강을 선발하는 경기가 진행될 때는 한 목소리로 '대한민국!'을 외쳤지만 무의식 저편에서 스멀스멀 기어오르는, 어떤 집단 광기에 대한 거부감이 나를 휘감았고 그 뒤부터는 축구 경기를 아예 보지 않았다. 당시는 함양 녹색대학교를 만들던 시기였고, 학교 만드는 사무실이 북아현동에 있었기 때문에 2호선 지하철 신촌역이나 아현역에서 승하차를 했는데 경기가 있는 시간이면 그렇게 북적대던 지하철이 텅텅 비어 운행되었다. 지하철을 내려 거리를 걸어가면 사람이 거의 보이지 않고, 간혹 보이는 사람은 가게 주인이거나 배달하는 사람이 많았다. 그런데 그들의 눈초리에 밴, '대한민국!'을 외치지 않는 이방인을 대하듯 하는 적대의식이 피부로 느껴졌다. 함께 빨간 티셔츠를 입고 모두가 한마음으로 대한민국이 8강, 4강, 결승전까지 오르기를 바라는데, 너는 누구냐는 시선이 참으로 따갑기만 했다.

운동장을 가득 메운 군중들이 '대한민국!'을 한 목소리로 외치는 가운데 축구 경기를 치러야만 하는 유럽국가 선수들에게는 실로 어마어마한 공포였을 것이다. 제국주의 국가들의 식민지 분할 전쟁(1차대전)과 전체주의 국가들의 도발로 이뤄진 2차대전의 참혹한 경험이 생생한 유럽 국가 선수들에게 군중들의 외침은 집단 광기로 다가왔을 것이고, 게임에 제대로 임할 수가 없었을 것이다. 그 덕에 우리가 4강까지 가는 영광(?)을 일궈낸 것이라 생각한다.

- 우리 안의 국가주의

가치지향적인 비인가 대안학교에는, 대한민국에서 학교를 다녀본 사람들이 모두 경험한 애국조회라는 것이 없다. 따라서 애국가 제창이나 국기에 대한 맹세도 있을 리가 없다. 내가 만든 세 번째 학교인 광주지혜학교도 마찬가지였다. 우리는 입학식이나 졸업식, 축제나 개교기념식이 있을 때 '델포이'(식당 겸 강당)에 함께 모여, 서거나 옹기종기 앉아서 의식을 진행했다. 교가는 따로 없고 그때 그때 필요한 노래, 예컨대 개교기념식 같은 때는 '함께 가자 우리 이 길을'(김남주 시) 같은 노래를 제창했다.

그리고 학생들과 선생들은 제주 강정마을, 5 · 18광주 금남로, 광화문 촛불집회 등을 찾아 학교에서 학습한 인문정신을 현장에서 실습했다. 그러니 정부가 싫어하고 사찰까지 하기도 하고(실제로 사찰 사건이 문제가 되어 국회에서까지 소란이 일어난 적도 있다. 장하나 의원 의정 질문).[20] 대학입시 때 검정고시생들이 불이익을 받도록 수시 전형의 룰을 바꾸기도 했다.

우리나라에 근대식 학교 제도가 만들어진 지가 언제인데 오늘날에도 애국조회 같은 잔재가 남아있다. 내가 초등학교 3학년 1학기에 학교 다니는 것을 거부하고 4년 반을 혼자 놀다가 친구들이 중

---

20) "국정원, 광주 · 전남 대안학교 교직원 사찰 정황"(한겨레신문, 2013,10,28 22:17, 임인택, 김지훈 기자)" 보안법 위반 혐의 수사 목적 요청", 광주고용청에 업무협조 공문 보내, 늦봄문익환학교 · 지혜학교 정보 제공, 포괄적 요청은 '수사 목적'보단 사찰. 다른 고용청도 공문 56건 주고받아

학교 1학년 2학기가 되었을 때 1년 낮춰 초등학교 6학년 2학기에 학교로 돌아간 것은 외로움 때문이었다.[21] 그렇게 돌아간 학교에서 내가 처음 맞닥뜨린 것은 국민교육헌장 암송이었다. '나는 민족중흥의 역사적 사명을 띠고 이 땅에 태어났다.' 정확히 무슨 뜻인지 모르고 무조건 암송했다. 그리고 중학교에 진학하여 조금 지나니까 '국기에 대한 맹세'라는 암송 과제가 또 내게 떨어졌다. '나는 인류의 보편적 양심 앞에서가 아닌, 자랑스러운 태극기 앞에서, 조국과 민족의 무궁한 영광을 위하여 충성을 다할 것을 굳게, 굳게, 굳게! 맹세합니다.'

　우리 세대는 참으로 말도 안 되는 국가주의 이데올로기 치하에서 지성의 암흑시대를 살았다. 나는 나로 살기 위해 태어났지, 아니 내 뜻과 상관없이 그냥 태어났지만 그래도 내 인생은 나를 위해 사는 것이 우선이고, 그 이후에 내가 속한 공동체가 잘 되는 것이 순서에 맞지, 민족중흥을 위해 태어났다니!

- 내 안의 파시즘

　나는 1957년 전남 장성군 황룡면 황룡리 원황룡(여기서 황룡은 왕족의 후예라는 뜻으로 쓰임) 광산 김씨 집성촌에서 태어났다. 선진 국가들은 이미 산업문명이 무르익었고 우리나라를 포함한 개발도상국가들은 산업화에 열을 올리고 있던 무렵이었다. 그러나 우리

---

21) 김창수, 『선생님, 당신은 어디 계십니까?』, 2021, 내일을여는책, p24~32 참조

동네는 여전히 농업 사회였다. 1884년 갑오개혁으로 노비 해방이 이루어져 법적으로 노예제도가 폐지되었음에도 우리 동네에는 우리 가문의 노비였던 사람들이 여전히 실질적인 주종관계로 살고 있었다. 노비였던 어른들은 나 같은 꼬맹이도 도련님이라고 불렀고, 우리는 그들 중 남자는 김상, 조상으로 불렀다. 노비였던 그분들은 자기 자식들에게 절대로 우리들에게 대들지 말고 때리면 맞고 시키는 대로 하라고 가르쳤다.

그 시절에 내가 행했던, 지금도 잊지 못할 일들을 생각하면 가슴이 아프다. '시째'(셋째)라는 아이와 '함수'라는 아이에게 가했던 나의 가학행위들에 대해, 혹시 그 아이들을 만나면 무릎을 꿇고 용서를 빌고 싶다. 그 아이들은 초등학교를 다니다 그만두고 모두 서울로 떠나갔고 그 이후 한 번도 만난 적이 없다. 두 번 다시 돌아오고 싶지 않은 고향이었으리라!

내가 그 아이들에게 거리낌없이 폭력을 행사할 수 있었던 것은, 광산 김씨 양반 가문의 배경 때문이었다. 동네에 작은 산이 하나 있는데 거기에는 중종 때 공조참판이었던 우리 선대 할아버지가 지어놓은 '요월정'(邀月停)이라는 정자가 지금도 있다. 정자 앞에는 작은 강과 넓은 들판이 있는데, 정자 앞에 서면 저절로 가문에 대한 자긍심이 솟았다. 그러한 배경이 '시째'나 '함수'를 마음대로 부리고 때려도 되는 뿌리였다. 반상 이데올로기가 보장해주는 절대 권력의 맛을 그때 알았다.

내 안에 있는 가부장주의도 빼놓기 어렵다. 결혼 첫날 신혼여행도 가지 않고 형님 집에서 친구들과 어울려 놀다 새벽에 잠이 들었는데, 아내가 일어나 방문을 열고 나가는 소리에 잠이 깨었다. 어디 가느냐고 묻자, 아내는 아침밥을 하러 간다고 말했다. 아하, 남자에게 이런 게 결혼이로구나 하는 생각이 들었다. 물론 나는 그때 가사를 아내만 담당해야 한다는 생각을 해본 적이 없었다. 우리는 결혼을 하면서 밥을 누가 할 것인지 서로 의논하지 않았고 가사를 어떻게 분담할 것인지도 말한 적이 없었다.

그런데, 남자인 나는 아무런 걱정 없이 잠을 자고 있었고 아내는 친구들과 어울려 밤새 같이 놀고서도 밥을 하러 나갈 생각을 하다니 '대한민국 만세'였다. 양심에 가책이 일었지만 모른 체하며 그러냐고, 밥을 하러 가는 아내에게 응대를 했다. 그러면서 속으로 얼마나 옹골지던지, 평생 편하게 밥을 얻어먹을 수 있겠구나 하는 생각에, 아내에게 미안한 마음이 들었지만, 질끈 눈 한번 감자는 생각이 더 강했다. 물론 나이를 먹어가면서 내 안의 가부장 이데올로기가 주는 혜택을 극복해왔기 때문에 지금은 그 강도가 희미한 흔적으로 남아있게 되었지만.

4.2 행운의 나눔

1970~80년대를 거쳐 온 이 땅의 청년들(지금의 50~60대)은 '우리가 세계를 만들어간다'라는 자의식을 가지고 살았다. 그리고 청

년이 꿈을 꾸지 않는다는 것과 꿈을 꿀 수 없다는 것을 상상조차 하지 못했다. 그런데 언제부터인가 우리 젊은이들이 자신의 미래를 꿈꿀 수 없게 된 시대가 지속되면서 우리나라를 가리켜 '헬(hell)조선'이라고 부르기 시작했다. 아무리 열심히 노력해도 살기가 어려운 현재 한국 사회의 부정적 단면을 나타내주는 말이다. '아프니까 청춘이다'라는 말은 애초의 취지와 다르게 청년들의 가슴을 더욱 후벼파는 말이 되어버렸다.

꿈조차 꿀 수 없는 한국의 젊은이들을 두고서, 우리는 인간의 사회적 성공을 보장해주는 것이 무엇인가를 물을 수밖에 없다. 존 롤스는 그의 저서 『정의론』에서 개인의 사회적 성공은 개인의 노력만으로 이루어지는 것이 아니라 노력과 행운의 결과라고 주장한다. 그는 행운을 자연적 행운(유전적 자질, 신체 구조, 건강 상태, 지능, 성격, 상상력 등의 요소와 천부적인 재능 등)과 사회적 행운(부모로부터 물려받은 유산 등)으로 나누고, 행운을 '원초적 불평등'(어떤 노력을 하기 이전에 이미 자신에게 주어져 있는 선천적이고 원천적인 차이)이라고 말한다. 따라서 출발부터 불평등한 실존적 차이들을 극복하기 위해서는 행운을 나눌 수 있는 정의의 원칙이 있어야 한다는 것이다.

롤스의 수정주의 분배원칙은 로버트 로직의 자유주의 분배원칙이나 카알 마르크스의 기계적 평등주의와는 다르게, 자유주의 하에서 어떻게 하면 불평등의 차이를 줄일 것인가 하는 것이었다.

롤스는 경제적 분배에서 차등의 두 원칙, '최소수혜자[22] 최대이익 보장'(최하위층은 면세, 재벌회장은 누진세)과 '공정한 기회균등 보장'을 주장한다. 그는 주로 경제적 성공에 초점을 맞추어 이야기를 풀어나가는데, 그의 주장을 다른 모든 영역의 사회적 성공에 대입해 봐도 좋을 것이다.

행운을 나눌 줄 아는 대표적인 지성인으로 채현국 선생(1935~2021)이 있다. 그는 서울대 철학과를 나와 1961년 당시 서울중앙방송국(現KBS) PD로 취업했지만 군사정권의 나팔수 노릇을 하기 싫어 3개월 만에 방송국을 그만두었다. 그리고 1962년부터 아버지 채기엽(1907~1988) 씨가 설립해 운영하던 '흥국탄광' 일을 도와 24곳의 계열사를 이끄는 기업으로 키워냈다. 한때 우리나라에서 세금을 두 번째로 많이 내는 사업가이기도 했다. 그는 그 당시 사업에서 번 돈으로 직원과 그 가족들을 위한 병원을 무상 운영했다고 한다.

그러던 그가 1973년에 하던 사업을 정리하고 재산을 모두 분배하게 되었다. 그 이유는 박정희의 유신독재 치하에서 사업을 한다는 것은 결국 정권에 협력하지 않으면 안 될 상황에 처할 것이 분명했기 때문이다. 또한 사업이 날로 번창해가면서 돈 버는 맛에 중독되어가는 자신의 모습이 괴물처럼 느껴졌기 때문이었다.

그는 회사를 정리한 모든 재산을 1,000명에 달하던 노동자들에

---

22) 여기서 최소수혜자란 노력을 가장 적게 했다는 뜻이 아니라 한 사회의 행운을 가장 적게 받은 사회계층이란 뜻이다.

게 분배해주었다. 당시 서울에 집을 한 채씩 살 수 있을 정도의 돈이었다. 그런 그가 남긴 말이 더욱 우리 가슴을 뜨겁게 한다. "노동자들의 몫을 내가 차지하고 있다가 돌려준 것일 뿐이야."

여기에 그치지 않고 그는 박정희, 전두환 정권 때 핍박받는 민주화 인사들에게 은신처를 제공하고 활동자금을 지원하거나 집을 사주기도 했다. 자신이 받은 행운을 자신의 것으로 오롯이 움켜쥐지 않고 자신보다 행운을 적게 가진 사람이나 행운을 아예 누리지 못한 사람들에게 환원한 것이다.

그런데 나는 비록 개천의 용 출신이지만 어찌어찌하다 용이 된, 그야말로 성공을 움켜쥔 사람들에게도 롤스 식의 행운에 더하여 '행운'을 적용시킨다. 스스로의 노력으로 이룬 성공 역시 본인에게도 행운일 뿐만 아니라 그것을 이어받은 사람들에게도 행운으로 작동될 수밖에 없기 때문이다. 또한 정도의 차이는 있지만 사람은 누구나 다른 누군가에게는 행운의 소유자 역할을 할 수 있다. 그렇기 때문에 어느 분야의 행운을 많이 가진 자가 그 분야에서 행운을 적게 가진 자에게 자신의 행운 일부를 나누는 것은 마음먹기에 따라 얼마든지 가능하다.

행운을 많이 가진 사람들만 자신의 행운을 나누어야 한다는 말은 책임회피이거나 편향적일 수밖에 없다. 다만 행운을 많이 가진 사람이 행운을 나눌 수 있는 유리한 위치에 있기 때문에 그들에게 행운을 더 적극적으로 나누라고 요구하는 것일 뿐이다.

실제로 행운을 거의 물려받지 못한 환자가 자신보다 더 시급하고 위험한 응급환자에게 수술 순서를 양보하는 것을 서울아산병원 간이식병동에서 목도한 적이 있다.

간이식수술을 받으려면 먼저 공여자나 기증자 모두 마음의 준비는 물론 몸 준비도 하게 된다. 나와 같은 병실에 간이식수술을 받기 위해 미리 입원해 있던 이ㅇㅇ라는 환자가 있었다. 그는 수술 하루 전날부터 주사도 맞고 금식도 하여 몸 준비를 다 해놓은 상태였다. 그런데 수술받기로 한 당일 아침 주치의가 와서 갑자기 "어떤 환자에게 위급한 상황이 발생하여 지금 당장 응급수술을 해야만 하는데, 이ㅇㅇ님 수술을 내일로 하루 미뤄도 될까요?"라고 물었다. 그러자 환자 이씨는 당혹스러워하면서 주치의에게 잠시만 생각할 시간을 달라고 했다.

6인 병실을 꽉 채운 병상의 환자들과 보호자들 모두 이 상황을 지켜보고 있었다. 잠시 후 이씨가 주치의에게 그러라고 하자, 의사가 참 어려운 결정을 해주셔서 감사하다고 인사를 건넸다. 그리고 이미 이식수술을 받은 사람이나 받으려고 대기 중인 사람 모두 이씨의 양보에 마음을 담아 "쉽지 않은 결정인데 마음 씀씀이가 참으로 곱다. 감사하다. 복 받을 거다" 등의 덕담을 건넸다. 거기 있는 사람들 모두 그의 양보가 얼마나 어려운지를 누구보다도 잘 알고 있었기 때문이다. 말이 그렇지 수술 순서를 양보하면 쇠약해질 대로 쇠약해진 그와 기증자는 하루 더 금식을 해야만 했기에 그런 판단을 하는 것은 결코 쉬운 일이 아니었다. 물론 그는 그날 꼭 수술을 받지 않으면 죽어 나가야 할 응급환자는 아니었지만, 간이식수술을 앞둔 환자들의 마음은 하루가 급한데, 이런 말도 안 되는 상황이 얼마나 환자에게 황당하게 다가오는지 겪어보지 않은 사람은 알기가 어렵다.

그는 응급환자에 비하면 먼저 수술을 받기로 예약하는 행운을 가졌는데, 그 행운을 자신보다 더 급한 응급환자에게 양보함으로써 행운을 그와 함께 나눌 줄 아는 품을 보여주었다. 이런 것이 행운을 거의 못 가진 사람도 자신보다 더 적게 행운을 가졌거나 못 가진 사람들과 함께 자신의 행운을 나눌 수 있다는 것을 보여주는 사례에 해당할 것이다.

신자유주의가 세계를 집어삼킨 현재 교육제도 하에서 선생이 학생들 각자가 갖고 있는 행운에 대해 왈가왈부할 공간은 거의 없다. 그러나 이런 한계 속에서도 선생이 주목할 틈은 아이들 각자의 소질과 능력과 꿈을 헤아리고 거기에 합당한 다양한 자본(힘과 능력)을 기르도록 격려하는 것일 게다. 여기서 말한 자본은 프랑스 사회학자 부르디외가 말한 '네 가지 자본'[23] 이외에도, 인간 삶의 모든 영역에서 갖추어야 할 능력이나 힘을 말한다. 선생은 학생들이 그런 힘을 기를 수 있도록 격려함과 동시에 아이들이 행운을 나누는

---

23) 경제적 자본, 사회적 자본(관계능력), 문화적 자본(지식과 정보에 대한 전문성), 상징적 자본(종교 등의 영역에서 뛰어난 영향력)

것을 자신의 의무로 내면화할 수 있도록 할 여지는 있다.

4.3 타자에 대한 환대

> *사랑한다는 것은 상대방의 존재를 기뻐하는 것이며, 그의 마*
> *음이 지니고 있는 아름다움을 기뻐하는 것입니다. 그 아름다움*
> *이 여전히 감추어져 있다 하더라도 말입니다. 사랑한다는 것은*
> *그가 아무리 연약하고 상처받기 쉬우며 반항하고 절망할 수 있*
> *다고 하더라도, 기꺼이 그와 더불어 깊고도 지속적인 관계를 맺*
> *으려 하는 것입니다.*
>
> *– 장 바니에(Jean Vanier, 1928~2019)*

구약성경 출애굽기에 보면 이집트를 탈출하여 가나안을 향한 성인 남자의 수는 60만 명으로 나온다. 여자와 어린이들은 셈에서 뺀 숫자다. 아테네 민주정치에서도 귀족과 시민은 아테네 주민 중 14%에 불과한 성인 남자들이었다. 노예, 여자, 어린이, 이방인 등은 제외된 것이다. 아감벤(Giorgio Agamben)은 타자를 호모 사케르(Homo Sacer)라고 한다. 호모 사케르란 본디 로마법에서 '누구나 죽여도 살해의 책임을 지지 않고, 희생물로도 바쳐질 수 없는 존재' 요컨대 인간 사회에서도 버림받고 신에게도 버림받은 존재를 의미한다. 이렇게 타자들은 고대부터 지금까지 셈하여지지 않은 자, 역사에서 배제된 자, 얼굴이 지워진 자로 존재해 왔고 존재하고 있다.

타자를 바라보는 관점은 근대 이후 세 번에 걸쳐 변화해왔다. 먼저 근대사회에서 일방적 지배의 대상으로 지칭되는 타자가 있고, 20세기에 들어와 상호존중의 동등한 주체로서의 타자가 있다. 마지막으로 한없이 높은 섬김의 대상(나로 환원될 수 없는 무한자)으로서 타자가 있다. 여기서 다루는 타자의 철학은 주체철학의 폐허 위에서 성립한 무한자로서의 타자에 대한 이야기다.

타자에 대한 담론으로 근대성을 극복하려고 시도한 20C 철학자 중 가장 탁월한 철학자가 '타자의 얼굴'을 발견한 에마뉘엘 레비나스(Emmanuel Lévinas)다. 그는 서양 근대의 자기중심적 주체 대신 무한성에 기초한 새로운 주체 개념을 내세웠다. 그가 말한 새로운 주체는 타자를 섬기는, 환대하는, 책임지는 주체다. 그에게 타자란 소수자로서 이방인, 과부, 가난한 자, 병든 자, 난민, 장애인, 포로 등이다. 예수가 말한 사랑의 대상이며 우리가 섬겨야 하고 책임져야 할 존재다. 그런 타자를 의무나 책임으로서가 아니라 기꺼운 환대로 맞이하는 것이야말로 인문정신의 가장 적극적인 자세일 것이다. 환대란 영접이나 환영을 넘어 타자들의 상태나 존재 형태가 어떠하든 기꺼이 맞아들이는 자세를 뜻한다.

레비나스는 타자를 얼굴을 통해서 만난다고 말한다. "타자의 얼굴은 절망 속에서 신음하는 고통과 아픔의 현현이다. 타자의 얼굴은 우리에게 명령을 내린다. 나를 죽이지 말라. 나를 구해 달라."[24] 따라서 레비나스에게 타자의 얼굴은 사랑하라는 신의 명령이자 계시가 된다. 신은 초월적 영역에서 우리에게 명령을 내리는 것이 아니라 고통받고 신음하는 타자의 얼굴을 통해서 명령한다고 보기 때문이다.

타자는 상호적이지도 호혜적이지도 평형적이지도 않다. 타자는 자신이 받은 혜택을 되갚을 능력이 전혀 없는 존재들이다. 그런 타자들에 대해 2,000년 전에 예수가 이미 설파했다. 타자성을 빼버리면 예수의 복음은 무로 돌아간다. 예수는 마태복음(25장 35~47)에서 타자들을 이웃을 넘어 예수 자신으로 선포한다. 예수는 십계명을 두 개로 요약하여 하나님을 사랑하고 이웃을 사랑하라고 명령한다. 결과적으로 그의 선포는 하나님을 사랑하는 것이 곧 이웃을 사랑하는 것이요 이웃을 사랑하는 것이 곧 하나님을 사랑하는 것으로 귀일되었다.

> 내가 주릴 때 너희가 먹을 것을 주었고 목마를 때 마시게 하였고
> 나그네 되었을 때 영접하였고 벗었을 때 옷을 입혔고
> 병들었을 때 돌아보았고 옥에 갇혔을 때 와서 보았느니라.
>   - 마태복음 25:35~36

---

24) 에마뉘엘 레비나스, 『전체성과 무한』, 김도형 외, 그린비출판사, 2018, P295 요약

너희가 여기 내 형제 중에 지극히 작은 자 하나에게 한 것이
곧 내게 한 것이니라.

– 마태복음 25:40

연세대 아동학과와 이화여대 교육대학원을 졸업한 김미령 대표('자립지지공동체')는 연세대 '어린이생활지도연구소'에서 10년 연구 활동을 하다가, 자신이 받은 행운의 일부(문화적 자본)를 나누어야겠다는 생각으로 20년 동안 야학 활동을 했다. 그리고 이후 인생을 '미아리텍사스' 지역의 성매매여성 3,600여 명을 상담하고 돌보며 지냈다. 성매매여성 중 1,000여 명이 그가 꾸린 공동체에 머물다 갔다고 한다.

2023년 현재도 아버지를 모르는 아이들(신생아부터 고3까지) 8명과 성매매를 하다 정신분열이 왔거나 지능이 저하된 여인 몇 분과 함께 성북동 쪽방집에서 살고 있다. 김 대표의 사회적 가족 14명이 사는 옥탑방 집에서 하룻밤 머문 적이 있는데, 백치가 되어버린 그 여인들을 보면서 내가 남자인 것이 참으로 부끄럽게 느껴졌다.

김미령 대표는 성매매여성들을 돌보느라 포주들과 그들이 고용한 깡패들에게 맞아 수도 없이 병원에 실려가곤 했다. 솔직히 김미령 대표의 첫인상이 거칠고 막무가내 같아서 좀 불편했다. 그런데 그의 이력을 알고 나니 오히려 그의 캐릭터가 당연하다는 생각이 들었다. 명랑하고 거침없는 성격이 귀엽기까지 하다는 생각도 들었다. 포주와 깡패 그리고 관료들과 수많은 전투를 치르면서 그가 겪은 분노와 좌절 그리고 함께하는 여성들이 스스로 자해 행동을 할 때마다 밀려드는 고통과 무력감 앞에서 순한 양 같은 캐릭터에 머물 수 있었다면 그것이야말로 비정상이 아니겠는가?

교회가, 예수가 보듬었던 성매매여성들을 교회 근처에 얼씬거리지도 못하게 하는 이때, 성공회 신자인 김미령 대표는 교회가 배제한 그녀들을 인간으로 셈하고 대우하며 어쩌다 태어난 아이들마저 자기 자식들로, 예수로 여기며 산다.

섬김의 대상으로서의 타자는 오늘날 세계 도처에 지천으로 널려 있다. 나아가 인간을 넘어 자연생태계까지 타자가 된 상태다. 권리와 향유에 민감한 감수성을 가진 학생들에게 선생이 할 수 있는 일은, 최소한의 범위 안에서는 상호 주체성 의식을, 좀 더 적극적으로는 무한자로서의 타자에 대한 민감한 감수성 배양을 돕는 일일 것이다. 에머슨은 "스승이 지닌 능력의 비밀은 인간을 변모시킬 수 있다는 확신"이라고 말했다. 도그마화되지 않은 확신이라는 말이 실제로 가능할지 모르지만, 어떻든 아이들이 성숙한 어른으로 자랄 수 있다는 확신은, 선생의 가장 기본적인 덕목이다.

5. 지혜학교, 인문정신과 영성훈련의 학습장

인문정신은 인간의 반성의식과 성찰적 이성까지를 그 영토로 하여 '사람됨'과 '사람을 넘어섬'을 추구한다. 그러한 교육활동의 목표를 이루기 위해 우리 '솔성(率性)수도회'는 '지혜학교'를 설립했다. 구체적인 활동으로 2009년 6월 13일 '5 · 18기념문화회관'에서 광주를 비롯한 전국 각지에서 온 500여 명의 사람들이 지혜학교 창립을 선언했다.

-지혜학교창립선언문[25]

우리는 오늘 이 나라 민주화 운동의 기폭제이자 자양분이 되었던 '광주민중항쟁'의 상징 '5 · 18기념문화회관'에서 새로운 문명의 시작을 알리고자 '지혜학교' 문을 엽니다.

우리 모두는 알고 있습니다. 인류를 양극으로 몰아가고 있는 신자유주의와 전 지구적인 생태위기 앞에서 '누구 때문인가?'라는, 책임의 소재를 가르는 질문이 아직도 유효하다는 것을! 그러나 또한 우리는 '무엇 때문인가?'라는 성찰적 · 공동체적 질문으로 이 위기의 원인을 찾는 것도 잊어서는 안 됨을 알고 있습니다. 이는 눈앞에 닥친 위기의 현실과 이의 극복에 있어서뿐 아니라 그 책임에 있어서도 우리 모두 자유로울 수 없기 때문입니다.

---

25) 김창수, 『선생님, 당신은 어디 계십니까?』, 2021, 내일을여는책, p275

이런 문제의식 속에서 지혜학교는 다음의 두 가지를 위해 설립됩니다.

　첫째, 반생명적이고 물질중심적인 현대문명의 모순을 극복하고 생태적이고 영성적인 새로운 미래문명을 꿈꾸고 만들어 갈 기반을 만들자는 것입니다. 어떤 것을 희구하고 그려보는 것과 실제로 그것을 일구는 것은 큰 차이가 있습니다. 어른들은 새로운 문명을 상상하고 지향할 수는 있지만 한계가 있습니다. 지혜학교는 새로운 문명을 학습하고 그것을 자신의 삶으로 실현할 사람을 기르는 교육의 장이 될 것입니다.

　둘째, 지혜학교는 교육 그 본연의 모습을 회복하여 아이들의 삶 자체의 고유한 가치를 인정하고자 합니다. 자유와 자율은 교육적 실천의 장에서는 양립할 수 있고 통일될 수 있는 가치입니다. 따라서 지혜학교는 학생들이 스스로의 삶을 계획하고 행위하되 책임에도 민감한 존재로 성장할 수 있도록 도울 것입니다. 그렇게 교육받은 사람들이 만들어 가는 세상은 자율적이고 자발적인 공동체가 될 것입니다.

　지혜학교는 자신과 세계에 대해서 알고(학문), 자신을 살피고 세계와의 연관성에 주목하며(성찰), 그렇게 알고 살핀 것과 현실의 통일(일)을 지향합니다. 우리는 그것을 역사의 진보로 믿습니다. 자유, 민주, 정의라는 가치가 생명, 평화, 공동체라는 가치로 숙성될 수 있는 길을 가는 것, 그것이 지혜학교가 설립되는 이유입니다.
- 2009년 6월 13일 대표집필 김창수 교장

사람됨의 교육은 인문학 교육이 지향할 수 있는 바람직한 교육목표다. 지혜학교 교육은 인문 교육을 중요한 과제로 삼고 있고, 지혜학교는 1차적으로 이러한 교육을 실시하고자 설립되었다. 또한 지혜학교는 사람을 넘어서 보고자 하는 교육, 즉 현 존재의 인간이 자신의 정신적 한계를 넘어서 보고자 하는 욕구를 가지고 있음을 자각하게 하고, 그것이 가능한 것인지, 그러한 방법이 있는지를 묻고자 설립되었다.

진화생물학에서는 생명 진화 방향을 크게 네 가지로 이야기한다. 물질의 복잡화→유기화→의식화(도구적 이성)→반성의식(이성)이다. 이러한 분류는 인간이라는 지적 생명체를 기준으로 한 것이다. 물질이 생명을 획득하고 생명이 의식을 획득하고 의식이 반성적 이성으로 진화해 온 과정 중에서, 도구적 이성은 인간이 삶을 영위해가는 데 있어 필요한 기본적 도구를 갖게 하는 무수히 많은 정신적 능력이다. 인간은 이 도구적 이성을 얻기 위해 대부분의 시간을 투여하여 교육을 받는다. 반성적 이성은 자기 자신을 대상화시켜서 볼 수 있는 능력(철학적 반성)과 자신의 행위를 비판적 안목으로 바라보고 그것을 수정할 수 있는 능력(윤리적 반성)으로, 인간과 여타 생명체를 경계 짓는 결정적 분기점이다.

그런데 인간 의식의 진화는 반성적 이성에 그치지 않고 그 다음 단계인 성찰적 이성으로 진행되었고, 나아가 자기(자아)를 넘어서 보고자 하는 영성 추구 단계까지 이르게 되었다. 반성적 이성은 세속적 지혜에 비추어 자신을 살피는 정신 능력이고, 성찰적 이성은 자신의 모든 것을 영적 진리의 빛(경전이나 깨달음의 경지에 이른 스승의 말씀)에 반조해 보는 정신적 능력이다. 따라서 성찰적 이성은 세속적 지혜의 가장 높은 단계의 이성이자 영적 지혜로 나아가는 징검다리다.

반성의식을 넘어 자기 성찰적이며 초월적인 인간으로의 상승과 초탈은 인간이 겪어야만 하는 세 번째의 임계점(의식→반성의식→성찰의식→초이성)이다. 그리고 그것은 물질이 생명으로, 생명이 반성의식으로와 같은 자연 진화가 아니라 인간의 상승욕구를 이루고자 하는 인위적 진화에 의한 것이다. 자연적 진화는 수많은 경우의 수에서 하나의 길로 진행되어 왔고 그것은 속도가 아주 완만하고 비정형적이다.

인위적 진화를 촉진하는 영역은 교육과 수행이다. 교육과 수행은 작위적인 목표를 향해 나아갈 수 있다. 교육은 느리지만 보편적인 방법이고 안전하다. 수행이나 수도는 급속하고 격렬한 자기 초월의 행위이다. 역사적으로 보면 급격한 인위적 진화는 소수의 종교적 천재가 달성한 경지다. 평균적인 사람들은 그러한 세계로의 진화가 거의 불가능했다. 그러나 우리 지혜학교는 그것을 소수의 개인만이 아니라 많은 다수가 도달할 수 있는, 수행보다는 조금 느리더라도 보편적인 교육과정을 통과한 후 수행에 임할 수 있는 방식으로 이루고자 했다.

학생들에게 명상이나 수도, 수행이나 기도 등으로 그러한 상태를 넘으라고 주문하는 것은 학생의 발달과정에 적합하지 않다. 그러나 지혜학교는 동물적 인간에서 반성의식을 갖는 인간과 성찰적 지성인을 바람직한 인간상으로 삼지만, 거기에 덧붙여서 아이들 자신에게 새로운 인간으로의 지향이 내재하고 있음을 알아차릴 기회를 제공하고자 했다.

반성의식에서 현존재를 넘어서는 세 번째 임계점의 극복은 인간이 가지고 있는 많은 모순을 극복하는 길일 수도 있다. 자기성찰과 명상을 통해 자신을 구성하고 있는 의식의 허위성으로부터 해방되고, 물질 중심의 인과 법칙을 극복하고, 자기로부터 해방될 때 그것이 바로 지복(至福) 상태일 것이다. 여기에 대해서는 다음 '3장. 영성적 존재'에서 생각해 본다.

이상에서 나는 인문정신을 말하기 위해 불임의 인문학과 자기의식의 각성 및 도덕적 딜레마(선의지의 충돌)에 대해 서술하였다. 그리고 인문정신으로 전체주의의 거부와 행운의 나눔, 타자에 대한 환대를 들었다. 그것은 맹자가 말한 수오지심과 사양지심과 측은지

심에 해당할 것이다. 그 외에도 많은 인문정신에 대해 이야기해 볼
수 있을 것이다. 지혜학교 교육은 선생과 학생 그리고 학부모가 인
문정신을 훈련하는 곳으로 설계하였으며, 그 구체적인 활동이 14
년째 이루어지고 있다. 마이클 샌델이 성숙한 시민적 합의의 중요
성을 말하였는데, 우리는 그것을 실현해갈 정신영역(인문정신, 영성,
생태사상)을 학습하고 구체적인 실천방법을 찾고자 노력하고 있다.

3장

영성적 존재

하나님이 사람에게 영원을 사모하는 마음을 주셨느니라

(전도서 3:11)

    우리 솔성수도회 수도자들은 이 땅에 어른이 필요하다는 생각으로 수도회 산하에 광주 지혜학교(중·고 통합과정)를 만들었다. 우리가 생각하는 어른은 인문정신의 성취를 꾸준히 지향하고 실천하는 사람 그리고 인문정신을 뛰어넘어 초이성 영역에 해당하는 현상적 자아를 여읜 사람을 말한다. 교장으로서 나는 거기에 부합하는 선생상으로 "선생은 교육자이며 수행자여야 한다(내가 그리는 지혜학교 선생님상 중에서)"라고 제시하였다.

    공교육에서 선생을 수행자로 주문한다는 것은 말이 안 되는 이야기다. 그러나 비인가 대안학교의 경우에는 학교 설립 목적에 맞는 선생상으로 수행자를 제시하는 게 하등의 문제가 될 것이 없다. 수행자는 종교인일 수도 있고 종교 밖의 사람일 수도 있다. 종교 안에 있든 밖에 있든, 수행자는 궁극적 해방을 향해 자기를 성찰하고 자기 자신을 알아차리는 일에 매진하는 사람을 말한다. 우리 지혜학교가 선생을 수행자로 규정한 것은, 적어도 선생은 상처 입고 힘들어하는 아이들을 품을 줄 알고, 인문정신과 생태적 삶을 살아내려고 노력하는 사람이어야 한다는 생각 때문이었다.

굳이 교육청에서 인가를 받으라고 강권하는 것도 마다하고 우리가 비인가 대안학교를 고집하는 이유는 학교 설립 목적에 걸맞은 선생상을 가지고 가는 걸 누가 뭐라고 하지 못하도록 하기 위해서다. 물론 공교육 현장에도 영성 진화의 길이나 방법에 대한 관심을 가지고 수행자적 자세로 살아가는 선생들이 있겠지만, 그것은 선생 개인의 일로 치부된다. 여기서는 영성적 선생이 교육적 관점에서 아이들의 성장과 삶에 왜 필요하고 어떻게 기여할 수 있는지를 중심으로 고찰한다.

1. 인문정신과 영성

앞 2장에서 나는 선생의 정체성 중 하나로 '인문정신을 사는 자'를 상정했다. '인문정신을 사는 자'는, 불교에서 분류하는 네 가지 인간 층위인 범부중생(凡夫衆生), 현인, 성인, 각자(覺者, 깨달음에 이른 자) 중에서 현인 이상의 단계에 해당한다.[26] 이렇게 보면 '인문정신을 사는 자'는 인과의 법칙 안에서, 자아의 경계 안에서, 자아를 여읜 상태에서 거니는 존재다.

범부중생은 인과의 법칙을 모르고 살거나 무시하고 사는 사람들

---

26) 매슬로우(Abraham Maslow)의 욕구 5단계(혹은 8단계) 중 4단계, '인정 욕구' 이상의 단계를 추구하는 존재로 보면 좋을 것 같다.

로, 씨를 뿌리지 않고 열매를 거두고자 하는 사람들이다. 따라서 그들에게 인문정신을 기대하기는 쉽지 않다.

현인은 인과의 법칙을 잘 알고 거기에 맞추어 살아가는 사람을 일컫는다. 현인은 봄에 씨를 뿌려야 가을에 수확을 할 수 있다는 것을 알고, 충실한 수확을 하기 위해서 열심히, 성실하게 노력하고 그 결실을 자신의 것으로 받아들인다. 현인은 자기중심성을 탈피하지는 못한 사람들이지만 가끔씩은 자신이 누리는 행운의 일부를 주변 사람들과 나누며 살 줄 아는 사람들이다. 그들은 비판적 이성이 발달한 사람들이다. 그들은 정직하고 사실적이다. 그래서 그들은 사회에서 일반적으로 통용되는 도덕률 밖에 존재하는 타자에 대한 환대까지는 수용하지 못한다. 그 사회가 정한 도덕률을 넘어서기 어렵기 때문이다. 그들은 경쟁을 거부하지는 않지만 협력에 더 관심을 많이 가진다. 그들이 협력에 관심을 더 많이 가지는 이유는 결국 그것이 자신에게 이익이 된다는 인과적 이치를 잘 알고 있기 때문이다.

성인은 인과의 법칙을 이해하면서도 그것을 뛰어넘은 사람들이다. 그들은 봄에 씨를 뿌려야 가을에 수확할 수 있다는 사실을 잘 이해하고 있다. 그래서 그들은 현인처럼 부지런하고 성실하게 노력하며 살아간다. 그러나 그들은 자신이 씨를 뿌렸지만 다른 존재가 수확하는 것도 받아들일 줄 아는 사람들이다. 그들은 자기 의무나 헌신에서는 최선을 다하지만, 그 결과를 향유하는 데에서는 인과의 법칙을 넘어선 존재들이다. 그래서 성인은 행운을 나눌 줄도 알고 타자에 대한 환대도 가능한 사람들이다. 그들은 타자들에게 씌워진 인과의 울타리를 걷어낸 존재들이기 때문이다. 그러나 성인의 한계는 인과의 법칙을 벗어나 있지만 자아를 온전히 내려놓지 못하고 있는 점이다. 그들은 도움을 받는 자와 도와주는 자, 씨 뿌리는 자와 그것을 거두는 자를 따로 본다.

각자는 인과의 법칙도 자아도 뛰어넘은 사람을 가리킨다. 그래서 그들은 행운을 적게 가진 사람도 타자들도 자기로 여길 줄 안다.

영성적 관점에서 보면 인문 정신은 분명한 한계를 가진다. 영성적 삶은 인과의 법칙과 자아를 뛰어넘거나 자아를 확장시켜야만 가능한 경지지만, 인문정신은 인과의 법칙에 매여 있거나 자아에서 해방되지 않아도 살아낼 수 있는 정신 영역이기 때문이다.

각자는 인문정신을 실천할 수 있지만 거기에 갇히지 않는다. 각자의 영성[27]은 생태사상과 인문정신을 초월한다. 즉 영성은 생태사상이나 인문정신을 그 안에 포함하고 있되 그것을 뛰어넘는 의식 상태다.

이처럼 인문정신의 실천을 위해서는 현인, 성인, 각자(覺者)의 정신이 필요하다. 따라서 선생은 자신이 먼저 범부중생 정도의 수준

---

27) 여기서 영성은 인간의 내적 자원의 총체로서, 개인으로 하여금 자신과 타인 및 상위 존재와의 의미있는 관계를 유지시키며 신체, 영혼, 마음을 통합하는 에너지다. 영성은 존재에 대한 의미와 목적을 주관하게 하고, 당면한 현실을 초월하여 앞으로 나아가게 하는 힘을 의미한다(『상담학 사전』, 김춘경 외).

을 넘어선 단계에서 학생들이 범부중생 이상의 단계로 성장해갈 수 있게 도울 수 있는 준비가 되어 있어야 한다. 다만 인문정신을 극한까지 끌어올리는 데는 성인 의식 수준에 오르는 것이 필요하지만, 각자(覺者) 정신이 필요하다는 점도 기억해야 할 것이다. '나'를 온전히 여의지 못한 성인 상태로는 진정으로 타인을 나로 여기기가, 자타불이가 불가능하기 때문이다.

그런데 위의 분류에서 우리가 주의할 점은, 인간이 범부중생, 현인, 성인 각기 따로 고정불변의 상태로 존재한다기보다는 그가 어떤 행위를 할 때, 그때 범부중생이 되기도 하고 현인, 성인, 각자가 되기도 한다는 것이다.

영성(spirituality, 靈性)이란 말은 기독교적 개념으로 5세기부터 쓰이기 시작했다. 그것은 주로 성직자나 수도사들이 사용하기 시작한 개념이었다. 어원적으로 보면 '영성'이란 용어는 사도 바울이 사용한 '영', 즉 '프뉴마'($\pi\nu\varepsilon\upsilon\mu a$)를 라틴어로 번역한 '스피리뚜스'(spiritus)에서 유래했다. '스피리뚜스'는 물질적, 육체적 영역에 속하는 것과는 달리 '영적 본성'과 '내적인 삶', 인간의 '비물질적인 부분'에 관계된 것을 뜻한다.

그러나 영성이라는 말의 기원과는 관계없이 기독교에서 말하는 영성과 같거나 유사한 내용을 지닌 용어들이 다른 종교에서도 쓰이고 있었다. 기독교 영성과 불교의 불성, 인도철학의 아트만처럼 유대교, 이슬람 영성 등에 대해서도 말할 수 있다. 영성에 대한 설명을 말이나 글로 정의하기가 쉽지 않아서 편의상 아래의 가톨릭 영신신학회와 불교의 두 입장으로 대신한다.

영성이란 그리스도가 가져오신 변모의 길을 가는 것이다. 영성이란 하느님의 생명이 개개인의 인간과 공동체(사회, 세계) 내로 들어오는 과정을 말한다. 이는 구체적으로 인간과 하느님 사이가 회복되심, 이웃과 예수님과의 친교, 정의와 사랑을 실천하는 봉사, 기도, 복음전달, 교육 등을 말한다. 또한 단순히 죄(crime)로부터가 아닌 인간이 만들어낸 하느님(우상)으로부터 해방(sin)되는 과정을 말한다. 공동의 힘으로 공동체의 과제를 헤쳐 나가야 할 것들이 있는데 그것을 찾아가는 것이다.

– 가톨릭 영신신학회 2002. 9

불교에서 영성의 의미는 불성으로 볼 수 있다. 이미 인간은 그 자체로 완전한 구원을 이룬 상태이며, 인간이 불성을 추구하는 것은 번뇌로 말미암아 흐려진 인간 본래의 온전함을 구도를 통해서 회복하자는 것이다. 이 회복이 바로 부처이다. 반야에로의 길, 부처에로의 길이 바로 영성이다. 그래서 결국은 신성이나 불성이 둘이 아니고 하나가 되는 것, 그것이 바로 영성이다.

2. 종교에서 영성으로

서구에서 탈종교(탈기독교)의 서막은 근대로부터 출발했다. 데카르트로부터 시작된 탈종교화 현상은 계몽기를 거치면서 이성신학으로 나타났다. 서양 근대철학자들은 신의 자리에 인간을 위치시키면서 신앙 대신 인간의 이성으로 이해 가능한 범주 안에서의 신을 상정했다. 그런데 그들이 정리한 이성신학은, 포이에르 바하(1804~1872)의 말처럼 사실상 인간의 자기의식의 투사에 불과한 인간학이었다. 신성이나 불성 그리고 아트만이나 깨달음은 이성을 넘어, 초이성 영역에서 알아차릴 수 있는 것인데 어찌 말이나 글로 설명해낼 수가 있겠는가? 말로 하는 것은 말로 알아듣고 글로 하는 것은 글로 알아들을 수 있듯이 깨달음은 깨달음으로만 알 수 있는 법이다.

이어서 반종교적 사상이 대두된다. 니체와 마르크스의 반종교 사상은, 그들의 저서를 면밀히 읽어보면 교회와 사제들이 만들어낸 종교에 대한 비판임을 알 수 있다. 니체는 '신은 죽었다'고 선언하였는데 그 말은, 2,000년 동안 교회와 사제가 만들어낸 신이 죽었다는 의미다. 교회와 사제들(니체는 사제들을 가축들이라고 칭한다)은 인간을 해방시키는 것이 아니라 오히려 약자들의 원한 감정(resentment)을 노예도덕으로 순치시켜 사람들을 억압해 왔으며,

그렇기 때문에 그런 종교에서 얼굴마담을 하는 신은 죽어 마땅하다는 것이 니체의 울부짖음이었다. 그런데 여기서 주목할 것은 니체는 예수를 비판하지 않았다는 점이다. 그는 오히려 예수를, 세상에 존재했던 단 한 사람의 그리스도교인이라고 추켜세우며 예수 정신(영성)의 지속성을 유의미하게 바라본다.

마르크스도 종교를 인민의 아편이라고 하면서 무신론적 반종교 대열에 참여한다. 종교가 고난 가운데 처한 사람들의 위무 기능을 담당하는 것을 누가 뭐라고 하겠는가마는, 그렇게 현실에 눈을 감고만 있다 보면 현실의 모순들은 전혀 해결될 수 없다는 측면에서 마르크스는 반종교적 입장을 분명히 한다.

그러나 내가 보기에 그들은 제도화된, 문화화된 종교를 비판한 것이지 인간의 자유를 향한 지향성을 비판한 것이 아니었다. 그들이 글로 부정한 것은 종교였지 지혜나 영성전통이 아니었다고 보여지고, 그들이야말로 예수 정신에 녹아있는 하느님 나라를 이 땅에 건설하고자 외친 진정한 예언자들이었다.

이렇게 진행되어 온 탈종교화 시도와 반종교 현상은 마침내 21세기에 들어와 무종교 시대를 견인했다. '목회데이터연구소'가 실시한 '2023 한국인의 종교생활과 신앙의식 조사' 결과에 따르면, 1998년에는 종교인 53% vs 무종교인 47%였던 것이 2017년에는 종교인 47% vs 무종교인 53%로 바뀌었다. 2023년 현재는 종교인 37% vs 무종교인 67%로 나타났다(2023년 9월 8일 자, '뉴시스' 이수지 기자). 이런 현상은 제3세계를 제외한 전 세계 국가들에서 도드라지게 나타나고 있다.

그러면 탈종교화, 반종교화, 무종교화의 진행과 영성 시대의 도래는 어떤 관련성이 있는 것일까? 영성 추구의 전통은 두 갈래로 전수되어 왔다. 하나는 지혜를 통한 전승이요 두 번째는 종교를 통한 계승이다. 불교를 예로 들면 무명을 타파하여 해탈에 이르는 길을 찾는 것이 지혜 전통이요 윤회를 통해 더 나은 세상이나 더 좋은 삶을 받는 것을 목표로 하는 것이 종교다. 기독교의 경우에도 예수처럼 자신을 비워(캐노시스, kenosis) 하느님과 합일을 이루는 것이 지혜전통이고 천국에 가기 위한 믿음을 강조하는 것이 종교전통이다. 역사적으로 그 둘은 서로 다른 길을 걷기도 하고 같은 울타리에 공존하기도 하였지만, 종교화된 지혜전통은 신앙으로 습합되기 일쑤였다.

지혜전통은 그 자체로 유지 계승되기도 하고 종교에 기대어 계승되기도 했다. 인도의 경우 영성전통(지혜전통)은 선주민이었던 드라비다족의 명상에서 시작되어 유지되다가 아리안족에게 흡수되어 브라만 종교로 귀속되어 나타났다.

종교는 집단의식이 지배하던 고대에 발생하였기 때문에 거대 담론으로 교리화되는 것이 무리가 되지 않았다. 그러나 현대에 이르러 집단의식은 해체되었거나 해체되어 가고 있다. 이제 유효한 것은 개인의식과 공동체 의식인데[28], 거대담론으로 무장한 종교로는 개인들의 영원을 향한 의식을 모두 담아낼 수 없게 되었다. 그렇다고 자기 근원에 이르고자 하는 인간의 염원이 없어진 것은 아니다. 아니, 의식과 영성이 진화 선상에 있는 인간에게 그것은 결코 없어질 수 있는 것이 아니다.

그래서 당면한 과제는 근원에 대한 앎을 추구하던 사람들이 각자 자기에게 맞는 영성개발의 길을 찾아야만 하는 시대에 발을 맞추는 것이다. 그렇다고 종교가 없어지지는 않을 것이다. 다만 그동안 종교를 통해 지혜를 찾고자 했던, 영성의 길을 걷고자 했던 사람들이 문화화된 종교에서 그 길을 찾기가 어려움을 깨닫고 종교 밖에서 그 길을 찾아가는 중이다. 그 길이 바로 고대로부터 내려오는 지혜전통이다. 선생도 여기에 발맞추어 종교가 있으면 있는 대로 없으면 없는 대로 자신의 영성 진화를 이루는 길을 찾아가야 할 것이다.

종교가 쇠락하는 또 다른 이유는, 고대 가부장 문화권에서 발생한 종교가 지극히 성차별적이고, 신분에 따른 차별을 여전히 자행하고 있으며, 지극히 집단적이고 독선적이며 폭력적인 모습에서 서로 주체성만을 받아들이고 있는 현대인들에게 희망을 주지 못하기 때문이다. 실제로 한국 기독교의 경우, 한때 천만 성도를 외쳤지만

---

28) 캔 윌버는, 인류의 의식은 고중세의 집단의식에서, 근대의 개인의식으로, 근대의 개인의식에서 탈근대의 공동체 의식으로 진화해 왔다고 주장한다.

지금은 거의 반토막이 났는데, 교회 밖으로 뛰쳐나간 사람들이 모두 영성을 추구하는 길을 가지 않을지는 몰라도, 그들 중 많은 이들이 이곳저곳 기웃거리며 자유에 이르는 길을 찾고 있다.

3. 탐진치(貪瞋癡) 삼독에 갇힌 인간

고래로부터 지금까지 인간은 세상살이를 고통스럽게 느끼며(고苦), 그 고통의 원인은 무엇(집執)이고 거기에서 벗어나는 길(멸滅)은 있는가, 있다면 그 방법(도道)은 무엇인가를 찾아왔다. 그리고 고통에서 해방되는 길을 따라가다 보면 자기 자신의 근원에 대한 해답을 찾을 수가 있었다. 이것은 동서고금의 모든 지혜전통에서 나타난 공통적인 특징이다.

수피 영성가인 제라 루딘 루미(1207~1273)는 "악마를 본 적이 없다면 네 자아를 보라"라고 말한다. 사람들이 자신의 고통이 어디서 발생하는가를 찾다가 궁극적으로 발견한 것은 자신의 '자아'다. 자아가 없다[無我論]라고 보든 거짓 자아 너머에 참 자아가 있다고 보든 상관없이, 지혜전통에 나타난 자아는 현상적 자아와 본래적 자아였다.

그런데 문제는 우리가 탐진치(貪瞋癡) 삼독에 갇힌 현 상태의 자아를 자신과 동일시하고 있다는 점이다. 지혜전통은 인간의 고통이 거기서 발생한다고 보았다. 인간의 욕망은 결코 다 이루어질 수 없다. 설사 욕망이 이루어진다고 하더라도 매 순간 이루어졌다 이루어지지 않았다를 반복할 뿐이다. 우리는 욕망이 이루어질 때 기뻐하고 이루어지지 않을 때는 화를 낸다. TV 드라마에 나오는 등장인물들을 보면 거의 웃다 화내다, 두 가지 감정으로 점철하고 있음을 알 수 있다. '내 속엔 내가 너무도 많아 당신의 쉴 곳 없네(하덕규 작사, 작곡 '가시나무'). 그래서 당신, 곧 본래적 자아를, 본래면목을 보기가 어렵다.

티베트에서는 무지[癡]를 타고난 무지와 문화적 무지로 나눈다. 타고난 무지는 윤회의 근본이 되는 선천적인 것으로 인간의 본질 그리고 세상의 진정한 본질에 대해 무지한 것을 말한다. 타고난 무지는 인간으로 하여금 세상의 모든 것들을 이분법적으로 나누어 보게 한다. 그 결과 마음이 끊임없이 좋아하는 것과 싫어하는 것[貪]을 구분하게 되고 그에 따른 욕망 추구가 좌절되었을 때 화[瞋]를 낸다.[29]

문화적 무지는 인간이 자신이 속한 문화권에서 사회화되는 과정에서 취득되는 가치나 신념체계 등을 말한다. 사람은 특정한 가치

---

29) 티베트인들의 근본무지에 대한 인식은 불교의 시간적 연기론이나 현대과학의 진화생물학적 사고로도 일정 정도 수용할 수 있지 않을까 싶다. 우리 유전인자 코드에 생명의 시작, 아니 그 이전, 비생물에서부터의 어떤 기억이나 경험이 기록되어 있다는 진화생물학적 인식과 삼세를 윤회하는 과정에서 축적된 까르마의 흔적이 지금 우리에게 무지로 나타나고 있다는 연기론을 연계시킬 수 있을 것이다.

나 종교 등을 가지고 태어나지 않는다. 그러한 것들은 후천적으로 주어지는 것이다. 문화적 무지는 출생 이후에 취득되는 후천적 무지로, 일상적인 삶을 통해서, 종교나 사상, 학문이나 예술 등을 통해 습득된다. 따라서 티베트에서는 영성과 관련되지 않는 일반적인 교육은 사회적 무지를 강화해 가는 과정으로 본다.

사실 따지고 보면 세상을 많이 산 사람일수록, 경험이 많은 사람일수록 문화적 무지가 더욱 클 개연성이 높다. "야, 그놈 어떤 놈이야?" 드라마에서 자주 나오는 장면이다. 결혼을 앞둔 딸과 그의 어머니, 할머니 삼대가 나누는 대화 내용을 보면, 인간이 나이가 들어갈수록 더욱 지혜로워지기는커녕 에고가 더욱 강화되는 것을 볼 수 있다. 할머니의 질문 속에는 손녀가 결혼할 사람의 인격과 지혜와 사랑의 깊이가 아니라 얼마를 벌고 있으며 손녀를 경제적으로 호강시켜 줄 수 있는지가 들어 있다.

성서에서는 인간이 타락하고 죄에 빠진 원인을 어떤 종류의 지혜 혹은 앎에서 찾고 있다.

> 너희가 그것(선악과)을 먹는 날에는 너희 눈이 밝아져 하나님과 같이 되어 선악을 알 줄을 하나님이 아심이니라. 여자가 그 나무를 본즉 먹음직도 하고 보암직도 하고 지혜롭게 할 만큼 탐스럽기도 한 나무인지라. 여자가 그 열매를 따먹고 자기와 함께 있는 남편에게도 주매 그도 먹은지라.
>
> — 창세기 3장 5~6절

히브리어 '알다'(야다תְ)라는 단어의 뜻은 '무엇인가를 안다, 분별하다, 구분하다, 동침하다'라는 뜻인데, 위 성경에 나타난 '알다'는 선과 악을 분별하는 지혜, 즉 분별지(分別智)를 말한다. '이에 그들의 눈이 밝아져 자기들이 벗은 줄을 알고 무화과나무 잎을 엮어 치마로 삼았더라.' 선악과를 따먹은 결과로 모종의 앎이 일어났으며, 그 앎은 나와 너를 구분하는 그런 앎, 나와 상대를 서로 대상화시키고 소외시키는 그런 앎이었다. 성경은 이런 앎 혹은 분별지에 대한 욕망이 바로 죄의 근원이라고 말하고 있다. 그러나 이런 앎은 참된 앎이 아니다. 참된 앎, 참된 지혜가 아니기에 어리석음이다. 성경뿐만 아니라 인도철학도 자신이 아트만임을 보지 못하는 어리석음과 무지를 고통의 원인이라고 보았다.[30]

그러면 우리는 끊임없이 좋아하는 것과 싫어하는 것[貪]을 구분하여 그에 따른 욕망 추구가 좌절되었을 때 화[瞋]만 내고 있어야 하는가? 성경에 나타난 사람의 본래 모습은 신의 형상이다. 신성을 가진 존재라는 말이다. "하나님이 이르시되 우리가 우리의 형상을 따라 우리의 모양대로 우리가 사람을 만들고"(창세기 1장 26절)라고 했다. 하나님은 사람을 하나님의 형상(Imago Dei, image of God)대로 만들었다. 물론 이 말이 인간 자신이 곧 신이라는 말로 곧바로 등치되는 것은 아니다. 다만 인간은 신성을 가진 존재라는 것이다. 여기에서 희망이 생겨난다. 우리가 신성을 가진 본래적 인간으로

---

30) 장동식, 미발표 논문

회복되면 되기 때문이다.

4. 영성의 길

지혜전통은 무지에서 벗어나 해방에 이르는 길에 대해 수많은 방법을 제시한다. 그러나 교육자로서의 선생은 궁극적 깨달음만을 화두로 삼는 존재가 아니다. 선생은 자신이 성취한 영성적 상태를 가지고 학생을 만나 교육적 행위를 하는 존재다. 따라서 교육에서는 깨달음이나 해탈과 같은 경지에 이르기 위한 종교적 접근보다는 일상 속에서 선생이 자신의 영적 능력을 개발하고 그것을 아이들에게 어떻게 접목할 것인가가 과제가 된다. 또한 학생들로 하여금 교육을 통해 특정한 가치나 신념체계를 습득하여 생물학적, 사회적 삶을 영위하다가 나이가 들어 또 다른 차원의 삶을 위해서 그것들을 어떻게 버리고 해소해가야 하는가에 대한 과제가 있음을 일깨우는 것이 선생의 관심사다.

그러면 인간이 갇혀있는 탐진치 삼독을 일상적인 삶 속에서 어떻게 극복해갈 것인가? 아래에서 선생이나 아이들이 자신의 영성을 개발할 수 있는 방법들을 간략하게 열거해본다.

4.1 전통적 수행법

- 기독교 수행법: 묵상과 관상, 기도와 경전 읽기, 성가 부르기

기독교 영성신학에서는 정신 작용은 어떤 대상에 '대해서' 아는 것이며, 마음의 작용은 그 대상과 '합일'을 이룬다고 설명한다. 정신의 작용으로는 '나'와 '객체'가 분리되어 있는 상태지만, 마음 작용으로는 더 이상 나와 진리는 둘이 아니다. 정신과 마음은 상호 보완적인 역할을 하면서, 궁극적으로 진리를 아는 방법으로써 차별이 없어진다. 따라서 영성 고양에서 묵상과 관상은 필수다.

묵상(meditation)은 '하나님에 대해 아는 것'이며 관상(contemplation)은 '하나님을 아는 것'이다. 묵상을 통해 하나님에 '대해서' 정보와 지식의 차원으로 아는 것이지만, 인격적인 친밀한 교제는 없다. 관상은 나와 하나님(진리)은 둘이 아니며 한 몸을 이룬 영적 혼인관계를 갖는 것이다. 거기에는 더 이상 나와 하나님의 구별은 없다. 그가 내 안에, 내가 그 안에 있다. 나와 하나님(진리)이 합일을 이룬 상태가 된다.

성가(만트라)를 반복해서 부르다 보면 자신도 모르게 어느 순간 신(영성)과 합일을 이루는 체험을 할 수 있다.

- 불교의 수행법: 위빠싸나와 사마타 명상

고타마 싯다르타는 집중명상(禪定, 三昧, 사마타)과 관찰명상(觀法, 위빠싸나)으로 깨달음에 이르렀다. 사마타 수련은 의식을 집중하는 방법을 사용하고 위빠싸나는 알아차리는 방법을 사용한다. 사마타 수련이 일상적인 의식을 탈각한 상태 즉 삼매(사마디) 상태에서 무분별의 지혜를 얻는 것을 추구한다면, 위빠사나는 일상의 명징한 의식 속에서 대상을 직접 관찰하여 대상에 대한 분별없는 앎을 추구한다. 관찰의 대상은 주변의 사물이나 환경 혹은 자기 자신의 신수심법(身受心法)이다. 불교에는 이 밖에도 대승의 6바라밀, 선종의 참선 등 헤아릴 수 없이 많은 수행법이 있다.

알아차림을 할 때, 먼저 자신이 가장 괴롭다고 느끼는 문제나 자신에게 가장 큰 문제라고 생각되는 것을 가지고 바라보면 그 문제가 어느덧 문제가 아닌 상황이 오게 된다. 그러고 나면 이전에는 큰 문제에 가려져 보이지 않던 작은 문제들이 눈에 띄게 되는데, 그것을 집중해서 바라보는 놀이를 반복하는 것이 바로 사마타 명상과 위빠싸나 명상이다.

- 인도의 수행법: 지혜의 요가, 헌신의 요가, 삶의 요가, 탄트라 요가

고대 인도의 불멸의 고전인 『바가바드기타』는 인도철학에서 말하는 세 가지 명상법(지혜의 요가, 헌신의 요가, 삶의 요가)을 소개하고 있다.

지혜의 요가(jnana yoga, 즈나냐 요가 혹은 갸나 요가)는 앎을 통한 해방을 추구한다. 나는 누구인지, 인간은 어떤 존재인지에 대한 진정한 지식을 획득하면 인간은 해방되어 자유롭게 될 수 있다고 믿는다. 불교가 주로 이 방법을 사용한다.

합일의 요가(Bhakti Yoga, 박띠 요가)는 '나-의식'을 없애거나 투명하게 하는 작업이다. 그리하여 "그리스도가 내 안에, 내가 그리스도 안에"와 같이 합일의 길을 주장한다. 현상적으로 드러난 자기를 부인하는 작업이 필요한 것이다. 주로 유신론적 종교에서 이런 전통을 따른다.

행위의 요가(Karma Yoga, 까르마 요가)는 행위에 대한 집착을 버리는 수행과정이다. 노자의 위무위(爲無爲), 무언가를 하지만 함이 없이 할 수 있는 길을 가라는 말과 동일하다. 만일 우리가 이렇게 살아갈 수 있다면 우리는 욕망과 집착으로부터 벗어날 수 있다. 욕망과 집착으로부터 벗어나면 그것이 바로 해방이다.

탄트라 요가(Tantra Yoga)는 육체 혹은 감각을 통한 해방의 길을 추구한다. 주로 힌두교와 불교의 밀교적 방법이다.

- 기타

지혜전통의 영성 훈련 프로그램 중, 자신이 이미 알고 있거나 하고 있는 수행을 하거나 일상생활에서 손쉽게 할 수 있는 것을 골라 영적 진화를 꾀한다.

4.2 영성일지 쓰기와 영적 독서
- 영성일지 쓰기

영성에서는 일기(diary)와 일지(journal)를 구별한다. 일기는 일상사를 기록하지만, 일지는 영적 여정을 기록한다. 일상사를 통해 다양한 상황 안에서 영적 깨달음을 기록한다. 그래서 영성일지는 자기 내면의 모습을 그린 자화상이다.

앤 브로일즈의 '6가지 영성일지 기록하기'를 참조하면 좋을 것 같다.
1. 일상 가운데서 일어난 일 가운데 영적 깨달음을 기록한다.
2. 경전을 읽고 묵상하며 기도하는 가운데 오는 깨달음을 기록한다.
3. 영적 지도 프로그램에 따라 상상하고 느낀 바를 기록한다.
4. 꿈을 통한 어떤 깨달음이나 각성을 기록한다.
5. 독서, 영화, 연극, 금언 등을 읽거나 감상하고 깨닫는 바를 기록한다.
6. 사람들과의 대화를 통하여 느낀 바를 기록한다.

- 영적 독서
영적 독서에는 두 가지 종류가 있다. 하나는 각 종교의 경전을 읽는 것이고 둘째는 경건 서적을 읽는 것이다.

4.3 인생 지도 그리기
인생 지도를 작성하려면, 처음에는 지난날들을 크로노스적 시간

순서에 따라 유년기, 10대, 청년기, 장년기, 중년기, 노년기 등으로 나눈다. 그런 다음 각 기간 동안에 일어난 중요한 일 중에서 자신의 삶에 결정적으로 영향을 준 사건(심리학에서 말하는 결정적 체험, critical experance)을 카이로스적으로 적는다.[31]

한 번만 작성하는 것이 아니라 계속 자신을 묵상하면서 보완해 나간다. 처음에는 적을 것이 별로 없지만 영성이 깊어질수록 기록할 것이 많아지고, 이전에는 애증과 원망이 컸던 일들도 점차 담담하게 바라볼 수 있게 된다. 참고용으로 내 인생지도의 골격을 예시해보겠다.

<인생지도 그리기>

시기	나이	결정적 체험	원인	과제
유년기	7세	친구 '용'이의 죽음	슬픔과 두려움	죽음에서 해방
청소년기	11세	초등학교 그만둠	교육에서 소외	스스로 학습
청소년기	16세	공부할 결심	장래 걱정	학업 성취
청년기	21세	처음으로 친구를 사귐	용이와 기서의 죽음	거리낌없이 친구 사귐
청년기	23세	성령체험	삶의 방향 찾기	수행법 찾기
장년기	33세	급성간염으로 투병 시작	과로	병과 동행
장년기	39세	환경운동, 대안교육운동 시작	환경문제 심각 공교육의 한계	환경운동 시작 대안학교 설립

---

31) 헬라어에는 시간을 의미하는 두 단어, '크로노스'와 '카이로스'가 있다. 크로노스(chronos)는 지구의 공전과 자전을 기준으로 하는 물리적, 순차적 시간 개념이고, 카이로스(kairos)는 개인이나 사회 혹은 시대적으로 중요한 사건이 발생한 때를 의미한다. 로마의 공화정과 제정의 분기점이 되는 사건인 '시저가 루비콘 강을 건넜을 때'와 같은 시간이 바로 카이로스적 시간개념이다.

중년기	56세	간이식, 심장수술, 뇌수술 받으며 수도자로 살 결심	죽음 문제 부자유한 삶	죽음에서 자유롭기 자유로운 삶 찾기
노년기	67세	골수형성이상증후군 투병 시작	내게 시간이 별로 남지 않음	수행 정진

여기에 각 사건을 중심으로 구체적 사건이나 일들을 더해가면된다. 한신대학원에 다닐 때 '목회상담' 수업 과제물로 인생지도 그리기를 한 적이 있었는데, 나를 아는 데 큰 도움이 되었다. 인생지도 그리기가 어느 정도 작성되면 이어서 자신이 가진 습관을 살피고 그것을 알아차리고 고쳐가는 것도 수행에 큰 도움이 될 것이다.

4.4 자신의 습관 알아차리기

보조국사 지눌(1158~1210)은 『수심결』(修心訣)에서 "문득 깨치면 부처와 같다지만, 무량겁에 찌든 버릇 깊기만 하다"라고 읊었다. 큰 틀에서는 깨달았지만 삼세 윤회 과정에서 쌓아온 업식에서 단박에 벗어날 수 없음을 자각하고 끊임없이 수행정진해야 한다는 것을 알려주는 법문이다.

불교에서는 사람마다 근기(根機)가 다르기 때문에 각 근기에 적합한 수행법을 찾아 수행하는 것이 깨달음에 이르는 길이라고 말한다. 석가모니 부처님처럼 상근기(上根機) 사람들이야 단박에 돈오돈수(頓悟漸修) 할 테지만, 중하근기(中下根機) 사람들은 점오점수(漸悟漸修)나 돈오점수(頓悟漸修)를 하는 것이 적합하다. 각자에게 맞는 수행법을 찾는 것이야말로 자유에 이르는 첩경일 것이다. 아래는 내게 맞는 수행 방법 중 하나로 '운전 중 알아차리기'에 관한 예시이다.

- 운전

나는 1995년 서울에서 운전을 시작했다. 그런데 아무 생각 없이 운전을 하다가 어느 날부터, 운전하는 과정에서 내 자신에 내재한 자기중심성과 분노 그리고 위선이 보이기 시작했다. 내가 끼어들기를 하거나 추월할 경우는 아무 생각이 없거나 기분이 좋지만 다른 사람이 내 앞으로 끼어들기를 하거나 추월할 경우에는 거의 대부분 기분이 좋지 않거나 화가 났다. 어쩌다 관대한 마음으로 다른 사람이 끼어들게 하거나 추월할 수 있게 하는 경우도 있었지만, 화를 버럭버럭 내면서 쫓아가 받아버리고 싶은 생각을 한 경우도 있었다. 그러다 옆에 누가 같이 있을 경우에는 점잖은 목소리로 상대방을 나무라는 위선도 부렸다.

그렇게 시간이 지나면서 웃었다 화냈다를 반복하며 운전하고 있는 나를 보며 노는 것이 재미있어지기 시작했고 점차로 화를 덜 내게 되었다. 운전은 빠른 속도 속에 자신을 내맡기는 행위이고, 빠른 속도는 우리의 무의식을 여지없이 드러내기 십상이다. 자신을 포장할 방어 기제가 작동하기 이전에 적나라하게 노출되는 자신의 마음(생각, 감정, 요구)을 보는 것이 처음에는 부담스러웠지만 점차 흥미 있는 놀이가 되었고 일정 시간이 지나자 운전석은 내 도량이 되었다. 아래 '싸띠'(알아차림)는 그 와중에 쓴 시다.

싸띠

마음을 보고 싶거들랑
운전대 앞에 서라
내가 끼어들면 흡족하다가
누군가 끼어들면 부글부글 화가 나는
때로는 예기치 못한 상황에
불같은 화를 참지 못해 고래고래 욕설을 해대는
운전대 앞의 자신을 보라
……중략……
보고 또 보고 한없이 보다가
어느덧 그것이 놀이가 될 때까지
자기 안의 화를 들여다보다가
훗, 하고 실소가 나올 때까지
이것도 그냥 놀이로구나 싶을 때까지

진정 마음을 맑히고 싶거든
운전대 앞에 서 보라
한 번 두 번 수만 번 되풀이하며
마음에서 올라오려는 화를 쳐다보고 있으면

그것이 살며시 녹아 사라지는 경험이 되풀이되다가
처음부터 화란 놈이 없었다는 것을
운전대는 조용히 가르쳐 주고 있었음을 알 수 있으리니
　　　－ 김창수, 시집『꽃은 어디에서나 피고』, 2016, 문학들

- 운전습관 전환

다음 표는 금년, 2023년 2월 27일~6월 7일까지 100일간 여수 요양병원 입원 중, 병원 산하 '생활습관전환연구소' 서선화 소장의 권유로 작성하기 시작한 것이다. 처음에는 소장의 요구에 따라 몸 병을 고치는 데 필요한 음식습관과 수면습관을 바꿀 요량으로 4주 동안 작성했다. 그렇게 음식과 수면 습관을 작성해서 실행해 본 결과, 1998년 8월부터 25년 동안 자정이 넘어 잠자리에 들어 해가 중천에 떠서야 일어나고, 아침밥 안 먹고 점심과 저녁밥 먹기를 해왔던 습관을 고칠 수 있었다. 나 같은 혈액암 환자에게 적합한 생활 패턴을 한 달 만에 정착시킨 것이다. 처음에는 불가능하게 보였지만 사람이 궁지에 몰리면 못할 일이 어디 있겠는가.

그런데 식습관과 잠습관을 고치면서 나에게 있는 다른 영역의 악습도 고칠 수 있겠다는 생각이 들었다. 그래서 영역을 점차 내 삶 전반에 적용시켜 '생활습관 전환 목록표'를 작성해보았다. 그런데 막상 목록표를 작성해놓고 보니, 내게 그렇게 많은 악습이 있을 줄 이야! 수면, 식사, 운전, 보행, 영성생활, 관계 맺기, 사회운동, 일상

생활, 전자기기 사용 등 생각나는 것을 표로 만들어보니 A4용지 두 장을 훌쩍 넘겼다. 아래 표는 그중에서 내 운전습관 바꾸기와 관련된 것이다.

<운전습관 바꾸기>

구분		기존	목표	점검	싸띠
운전	끼어들기	자주	불가피한 경우	거의 안 함	생각, 감정, 욕구, 욕망, 요구 알아차리기
	추월하기	자주	불가피한 경우	거의 안 함	
	경적	어쩌다 누르기	가급적 누르지 않기	안 함	
	보행자	우선	우선	잘 지킴	
	주차	잘 지킴	잘 지킴	잘 지킴	
	양보	초보, 여성, 약자, 버스, 택시, 자전거	+끼어들고자 하는 차	지킴	
	깜빡이	자주 켜지 않음	늘 켜기	거의 켬	
	차선 지키기	나 편한 대로	지키기	노력 필요	
	신호, 속도	가끔 어김	지키기	지킴	
	횡단보도	잘 지킴	잘 지킴	노력 필요	
	마음관찰	화를 가끔 냄	내지 않기	거의 지킴	
	뒤끝	어쩌다	없기	노력 필요	
	휴대폰 사용	빈번하게 사용	필요 시만 사용	노력 필요	

오래전(1995년)부터 운전 중 나를 관찰한다고 하면서 '알아차리

기'를 해왔는데, 막상 생활습관을 전환하려고 구체적으로 작성해보니, 운전과 관련한 내 악습이 생각 밖으로 많은 것을 보고 엄청 놀랐다. 그러면서 막연하게 즐겁고 괴로운, 쾌불쾌(快不快), 고락(苦樂), 마음과 느낌만 관찰할 것이 아니라 구체적으로 리스트를 작성하여 하나하나 점검해 보는 것이 꼭 필요한 것임을 깨달았다.

다음은 이와 관련된 가톨릭 기도문이다.

"주님, 오늘 생각과 말과 행위로 지은 죄와 의무를 소홀히 한 죄를 자세히 살피고 그 가운데 버릇이 된 죄를 깨닫게 하소서!"

5. 영성적인 삶

떼이야르 드 샤르댕(Teilhard de Chardin)은 "볼 수 있는 사람에게는 이 세상에 속된 것이란 아무것도 없다"라고 말했다. 어떤 사람에게는 세상에 속된 것과 성스러운 것이 따로 있기도 하지만 어떤 사람에게는 성과 속이 하나로 보일 수도 있다. 불가에서도 '석가성불 산천초목 동시성불'이라는 말이 전해져 내려온다. 고타마 싯다르타가 깨닫고 보니 자신을 제외한 다른 모든 존재가 이미 깨달은 존재였더라는 이야기로 볼 수도 있고, 진리를 깨달은 석가의 눈에 속된 것이란 아무것도 없었다라고 볼 수도 있겠다. 내게는 후자의 해석이 더 매력적이다. 세속적으로 표현하면 사람은 자신의 깊이만큼 세상을 볼 수 있고 그 깊이와 폭으로 산다는 뜻일 게다. 그러면 영적인 삶이란 무엇일까?

5.1 상구보리 하화중생, 하느님 사랑 이웃 사랑, 경천애인

성서나 불교는 영성적 삶에 대한 정의를 정확하게 내리고 있다. 불교에서 영적인 삶은 '상구보리 하화중생'의 삶이고 기독교에서는 그것을 '하느님 사랑과 이웃 사랑'이라고 말하고 있다. 그리고 유교에서는 경천과 애인을 실천하고 사는 삶이다.

성서에 보면 어느 부자 청년이 예수를 찾아와 무엇을 하여야 구원을 얻을 수 있는지 진지하게 묻는 장면이 나온다. 부모를 공경하고, 살인하지 말고, 간음하지 말며, 도둑질하지 말고 거짓 증언을 하지 말라고 예수가 대답하자, 청년은 그 모든 계명을 지키고 있다고 대답한다. 그러나 가진 소유를 다 나누어주고 자신을 따르라는 예수의 말에 그 청년은 괴로워하면서 떠나간다.

이 이야기에서 우리는 영적인 삶이 무엇인지를 엿볼 수 있다. 예수는 '하느님, 상구보리, 경천'과 '이웃 사랑, 하화중생, 애인'을 실천하라고 말한다. 재산을 다 처분하고 자기를 따르라는 예수의 말을 청년이 넘어서지 못하는 것은, 청년의 이웃 사랑이 윤리적, 율법적 차원을 넘어서지 못함을 나타내준다. 사랑이 무엇인지 잘 알지 못하고 있다는 뜻이다.

재산을 다 처분하여 나누어주고 자신을 따르라는 예수의 말에 우리는 자칫 재산처분과 나눔에만 무게 중심을 둘 수 있다. 그러나 예수는 재산이 아니라 '나(예수)' 즉 '진리'를 좇아 살라고 말하고 있다. 재산을 처분하여 나누어주는 것은 이웃사랑의 조건이지만 진정한 이웃사랑은 진리와 한 몸을 이룰 때 가능하다는 것이다. 예수가 청년에게 말하는 핵심 요지는 진리를 깨달음이다. 진리를 깨달으면 저절로 재산을 이웃에게 나누어줄 수 있게 된다. 그런 세속적 차원을 넘어서야 세속적인 것이 성스러운 것과 하나를 이룬다는 것이다. 진리를 좇아라. 절대세계로 다가서라. 그것만이 구원을 이루는 길이다. 그리고 그것이 이웃사랑과 동체대비다.

5.2 소아(小我)를 넘어 대아(大我)로

두 번째로 영적인 삶은 자아를 넘어서는 삶이다. 교육적으로나 사회적으로 우리가 '자아'라는 말을 사용할 때 그 '자아'는 타자와 분리된 실체를 말한다. 사회화 과정이나 교육을 하는 과정에서 '자아실현'이라는 말을 많이 사용하는데, 거기에는 다른 존재와 독립된 자기의식을 갖는 것이 바람직하다는 생각이 깔려있다. 이 때문에 나는 앞장에서 인문정신으로 살려면 자기의식의 각성이 필수적이라고 말했다.

그러나 영적인 차원에서 자아는 극복되어야 할 것으로 간주된다. 사실 따지고 보면 '나'라는 것은, 티베트인들의 생각처럼 사회적,

문화적 반영을 넘어서지 못하는 경우가 대부분이다. 노자 48장에 '위학일익(爲學日益)이요 위도일손(爲道日損)'이라는 말이 나온다. 지식의 세계는 앎을 계속 더해가는 것이요 지혜의 세계는 알음알이를 내려놓는 것이라는 뜻이다. 알음알이는 분별지로서, 세계를 이분법적으로 나누어 보는 지적 능력이다.

지식은 '아는 것'이고 지혜는 '깨닫는 것'이라 할 수 있다. 그렇기 때문에 지식은 쌓을수록 좋은 것이요 지혜는 분별심을 내려놓는 것이 유익하다. 지식의 축적은 소아를 강화하는 기능이 있지만 지혜로워지는 것은 대아로 나아가는 길이다.

문익환 목사 이야기로 소아에서 대아로, 즉 자아를 극복하는 것이 무엇인지 생각해 보자. 문 목사는 휴전협정 당시 유엔군 통역장교로 협정 조인식에 참가했다. 통역장교로서 분단을 고착화시키는 일에 참가하지 않겠다고 말할 만한 시대적 상황이 아니었기에, 어쩔 수 없다는 생각으로 조인식에 참가한 것이다. 독립된 자아, 분리된 자아를 가진 사람이면 누구나 보일 수 있는 반응이다. 사정은 이해가 가지만 나도 살아야 하겠다는 반응이야 누구나 보일 수 있다. 그런데 문 목사는 시간이 갈수록 자신이 역사에 죄를 지었다는 생각을 하게 되었고, 급기야 자신이 지은 죄 닦음을 해야 하겠다는 생각을 하게 된다. 여기까지도 자기반성과 성찰을 조금만 하는 사람이면 넘어설 수 있다. 그러한 생각은 이기심에 뿌리를 둔 것이다. 비록 문 목사 자신이 그 생각을 하고 난 이후에 민주화와 통일 운동에 투신하였지만, 자신의 죄과를 의식하고 있는 한에서는 자아를 완전히 넘어섰다고 볼 수는 없다는 말이다.

진정으로 자아를 넘어선다는 것은, 비록 자신의 허물이 동기가 되어 역사적 실천의 장에 나섰지만 그 차원을 벗어나 한 몸인 생명체가 찢김을 당해 고통당하는 현실이 안타까워, 온 천하가 나인데, 바로 그 나가 피 흘리는 질곡 속에서 구원을 요청하는데, 사랑과 자비심이 저절로 역사적 책무를 감당하게 할 때, 그때 우리는 소아적 자아로부터 해방되어 대아 즉, 참자아를 이루는 것이다. '천상천하유아독존'이라는 말이야말로 자아를 넘어선 인간의 모습을 극명하게 나타내준다. 천하만물이 모두 나라는 그 생각이야말로 대아의 정수다.

그런데 우리가 살아가는 현실을 보면 과거에 대한 회한이나 자기반성의 수준에서라도 회심하며 사는 경우가 많지 않음을 알 수 있다. 예전에는 '왜 나는 변혁운동을 그만둘 수밖에 없는가?'에 관한 이야기를 가끔 들었다. 그런데 그들의 말을 주의 깊게 들어보면 이기적 자아를 넘어서지 못한 경우가 종종 있다. 같이 운동하는 사람들이 권위적이고, 독재적이고, 권력 지향적이고, 이기적이고, 분파적이어서 운동을 그만두었다고 했다. 그 말은 운동의 대의를 좇아 운동을 한 것이 아니었다는 뜻이다. 교육운동을 하는 것은 아이들이 처한 현실이 너무나 안타까워서 하는 것이지, 그 누군가가 어찌어찌하고 운동의 성과를 이용해 정치적 입지를 강화하려 하기 때문에 교육운동을 그만두겠다는 이야기를 들을 때 그 치졸함에 쓴웃음을 지을 수밖에 없었다.

적어도 선생은 소아를 넘어서도록 애써야 한다. 자아로부터 해방되어 아이들이, 타자가, 역사가, 자연이, 천지만물이 부르는 소리를 들을 수 있어야 한다.

5.3 자유하는 삶

사도 바울은 '내가 비천함에도 처할 줄 알았고 부요함에도 처할 줄을 알아 모든 일 곧 배부름과 배고픔과 풍부와 궁핍에도 처할 줄 아는 일체의 비결을 배웠노라'(빌리보서 4장 12절)라고 말한다. 자유하는 사람은 자신의 능력을 탓하지 않는다. 자신의 처지를 원망하지도 않는다. 어떤 상황에서도 중심을 잃지 않는다. 수레가 돌아가는 것은 바퀴의 중심축이 있기 때문이다. 중심축이 굳건할 때 바퀴는 안전하게 돌아간다. 나를 중심으로 세상을 끌어당겨 '자기화' 시키는 일도 큰 죄지만, 나를 잃어버리는 것도 책망받아 마땅하다. 예수는 자신을 잃어버리고 다른 사람도 진리에 이르지 못하게 하는 사람에게 저주가 있을 것이라고 독설을 퍼붓는다.

변혁운동이 그 존재 이유가 있다면 어떤 곤란에 처해도 무소의 뿔처럼 혼자서라도 가는 것이 옳다. 그것이 자유를 아는 사람의 모습이다. 험난한 조건과 상황에 구속되어 자신을 함부로 대하는 태도는 상대적 가치에 갇혀 사는 사람의 모습이다.

우리는 모범적인 부부로 스콧 니어링과 헬렌 니어링 부부를 꼽는다. 부부가 서로 뜻이 맞고 수준이 비슷해서 한 방향을 바라보며 살 수 있다면 행복할 것이다. 그러나 니어링 부부처럼 살기가 어디 쉬운 일인가? 행복한 삶이 자신이 처한 조건이나 상황에서 나온다면, 조건이나 상황은 늘 변하게 마련이고, 따라서 자신이 느끼는 행복도 늘 바뀔 수밖에 없는 것이다. '너'만 아니라면 나는 그 '누구'와도 행복하게 살 수 있으련만, 하고 하소연하는 부부는 천지에 널렸다.

상대적 가치에 머물며 조건이나 상황을 탓하는 일은 자유를 아는 인간이 취할 태도가 못 된다. 진리를 알지니 진리가 너희를 자유케 하리라. 진리는 이익과 손해를 넘어서는 세계이며, 잘남과 못남도 넘어서고, 무엇 때문이라는 말을 모른다.

6. 통합영성의 요청

켄 윌버(1947~)는 『통합명상』에서, 인간이 경험하는 아주 다른 두 가지 형태의 발달인 '성장의 길'(Growing Up)과 '깨어남의 길'(Waking Up)에 대해 이야기한다. 그리고 그는, 자아가 성장해 가는 과정을 나타내는 '성장의 길'과 자아를 해소해 가는 과정을 나타내는 '깨어남의 길'이 합류하는 단계를 '깨달음의 길'이라고 말한다.

윌버는, 의식발달 수준 혹은 구조(성장의 길)는 8단계[32]를 거치면서 이루어진다고 보았고, 깨어남의 길(의식의 상태)은 모두 4~5가지의 자연스러운 주요 의식상태[33]를 거치며 완성되어 간다고 말한다.[34] 그런데 문제는 이 둘 가운데 어느 하나를 결여한 사람은 개인 또는 사회적으로 많은 문제를 일으킨다는 점이다. 깨우쳤지만 사회적으로 미성숙한 사람, 성숙한 자아를 가졌지만 깨우치지 못한 사람이 생겨난 것이다. 단적인 예로, 나치(Nazi)들도 요가와 명상 수행에 정통했다. 혹은 동성애 혐오자나 성차별주의자, 인종차별주의자, 외국인혐오주의자, 권위주의자, 지독한 계급주의자가 된 이들도 있었다. '세계와 하나'되는 경험은 했을지 몰라도, 세상 속에서 여전히 미성숙한 상태로 남아 있거나 심지어는 병적인 모습까지 보였다.[35]

의식발달의 8가지 주요 단계 사람들은 각각 그 단계에서 그들만의 세상을 살아간다. 각자의 단계에 따라 서로 다른 현상을 보고, 다른 욕구와 충동을 지니고, 다른 가치를 믿는다. 다른 유형의 정체

---

32) 1. 태고적 2. 마법적 3. 마법-신화적 4. 신화적 5. 합리적 6. 다원적 7. 통합적 8. 초통합적 단계

33) 1. 잠에서 깨어 있는 일상의 거친(gross) 상태 2. 얕은 잠에 든 정묘한(subtle) 상태 3. 깊은 잠에 든 원인(causal) 상태 4. 텅 빈 주시(look)의 상태인 투리야(Turiya) 5. 순수한 비이원적 합일 상태인 투리야티타(Turiyatita)

34) '의식 상태'는 내면을 들여다보면 알 수 있으며, 직접적으로 인식한다. 인간은 이런 의식 상태를 5만 년 전부터 알고 있었다(샤먼 등). 그러나 '의식구조'는 내면을 들여다보는 것만으로는 알 수 없다. 이 구조는 100년 전 발달심리학이 등장한 이후 비로소 발견되었다.

35) 캔 윌버, 『통합명상』, p8

성을 갖고, 정의에 대한 생각과 도덕관념, 진리나 궁극적 실재라고 여기는 것도 다르다. 이런 현상이 사회적 고통의 원인이 된다. 사람들은 자신이 도달해 있는 현재 수준의 세계가 참이라고 믿기 때문에 자신이 도달하지 못한 다른 사람의 현재 세계를 도저히 이해할 수 없으며, 따라서 그들이 틀렸다고 주장한다. 물론 상위 단계의 사람은 하위 단계의 사람을 이해할 수도 있다. 그 단계가 적어도 다원적 단계에 이르러서야 가능하기는 하지만. 여기서 한 가지 짚고 넘어갈 것은, '의식의 구조'(structure)는 그저 명상하고 내면을 들여다보기만 해서는 알 수 없다는 것이다.

'깨어남의 길'은 '의식의 상태'(state)를 더 고차원 상태로 이르게 해주는 역할을 한다. 확장된 사랑과 기쁨, 증대된 통찰과 자각, 몰입 등 더 깨어날 수 있는 길을 안내한다. 이 전통은 5만 년 전부터 시작되어 지금까지 그 명맥을 이어오고 있다.

앞에서 언급했듯이 '성장의 길'(Growing Up)과 '깨어남의 길'(Waking Up)은 각기 다른 영역이기도 하지만 같은 지점에서 만날 수 있다. 적어도 그것들은 상호 보완적일 수 있다. 영성의 길을 오랫동안 걸어온 인도에는 아직도 카스트 제도와 카스트 의식이 남아 있다. 여기에 필요한 것은 성장의 길에 대한 인식과 의식발달의 촉진이다. 사회적 의식 수준이 높아져야만 그런 모순이 타파될 수 있다.

앞 2장에서 '인문정신을 사는 자'를 언급하였고 3장에서는 '영성

적 인간'을 말했다. 그 두 길은 각자 다른 길이기도 하지만 그 두 길
이 합류할 때 인간은 적어도 너와 나를 동등하되 다르게, 나아가 너
와 나를 다르지 않게, 궁극적으로는 너와 내가 하나임을 깨닫고 세
계 평화를 위해 손을 맞잡을 수 있을 것이다. 또한 지구 생태계와도
더불어 살아갈 수 있을 것이다. 다음 장에서는 생태적 인간에 대해
알아본다.

4장

생태적 인간

．

21세기 인류에게 가장 중요한 화두는 생명과 평화와 영성이다. 생명은 현재 인류가 맞고 있는 기후위기 등의 문제를 해결하려는 생태문명의 사상적 기초이며 평화는 우리가 이루어가야 할 문명세계의 내용이다. 그리고 영성은 인간이 자기를 넘어서 보려는 성질로서, 생명과 평화 세계를 이루어갈 토대다. 그중에서 생태영성은 생태적 감성을 일깨우는 역할을 통해서 생태적 이성과 생태적 실천의지의 발현을 돕는다. 이 장에서는 '생태적 인간'으로서의 선생 – 생태문명의 토대가 될 기제로서 생태적 감성과 생태영성, 생태이성과 생태적 실천 의지를 가진 선생 – 에 대해 이야기한다. 그러기 위해서 먼저 무지로 인해 내가 범했던 반생태적인 행태들과 생태적 각성에 대한 고백과 생태교육의 필요성에 대한 이야기부터 서술한다.

1. 생태교육

1.1 나의 반생태적 행태들과 생태적 각성

나는 어렸을 때부터 낚시질을 좋아했다. 초등학교 3학년 때 학교를 그만두고 4년 반 동안 산과 들과 강으로 쏘다니며 혼자 놀면서 자주 낚시를 했는데, 소위 '손맛'이라는 것을 그 무렵에 알게 되었다. 초등학교를 건너뛰고 1년 늦게 중학교에 진학하고서는 친구들과 어울려 영산강 상류인 황룡강에서, 친구가 투망으로 잡은 민물고기를 회를 쳐서 소주와 곁들여 먹었다. 그리고 청년 시절에는 한번에 한 마리씩 잡을 수 있는 낚시를 그만두고 아예 투망을 사서 황룡강 물고기를 잡았다. 서울에 살 때는 지인들과 더불어 한탄강이나 홍천강으로 가서 투망을 던졌다.

내가 그렇게 물고기 잡는 것을 좋아했던 것은 물고기를 즐겨 먹어서가 아니라 잡는 즐거움 때문이었다. 나는 민물고기의 비린내가 싫어서 강에서 막 잡은 피라미를 회 쳐 먹는 것 말고는 아예 쳐다보지도 않았다. 아마 내가 잡은 물고기가 몇 가마니는 되었을 것이다. 심지어는 겨울에 얼음을 깨고 투망질을 하기도 하고 홍수가 나서 강물이 불어 있는데도 투망을 던졌다. 그렇게 잡은 물고기는 아는 사람들에게 나누어 주었다. 반생명적 행태를 거리낌없이 행하면서 즐겨 먹지도 않는 물고기를 그렇게 많이 잡았던 나는, 그 업보를 갚기 위해 죽은 뒤 물고기 밥이라도 되게 강에 뿌려달라는 유언을 남기고 싶었다. 그렇게 내 청춘 시절은 물고기를 살육하는 놀이 시간이었다.

그 밖에도 수도 없이 많은 살생을 아무런 거리낌없이 행하면서 성장했다.

내가 사는 마을에 '용월정'이라 불리는 산이 있었는데, 거기에 새들이 나무에 집을 짓고 새끼를 낳아 길렀다. 그런데 나와 동네 꼬맹이들은 새의 알을 꺼내 깨뜨리거나 새끼를 꺼내서 가지고 놀다 죽게 만들곤 했다. 또 풍뎅이를 잡아 네 발을 부러뜨려 땅에 뒤집어 놓으면 풍뎅이가 고통으로 빙빙 도는 것을 보고 낄낄거리며 놀았다. 물론 이런 놀이는 나이가 들어감에 따라 자연스럽게 다른 놀이에 몰두하게 되면서 없어졌지만, 그렇다고 해서 내게 잠재하고 있는 자연(타자)에 대한 폭력성이 해소되었다는 말은 아니다.

학창시절에 나는 자연이 선생인 것을 알아차리지 못했다. 생명의 존엄성에 대해 말해주고 놀이로 생명을 죽이거나 해치는 일은 결국 나 자신을 해치는 일로 되돌아온다고 말해주는 선생이 있었더라면 반생명적 행위를 그렇게 무자비하게 하지 않았을지도 모른다.

그러던 30대 중반에, 내가 낚시와 투망질 그리고 사냥을 그만두게 되는 극적인 사태와 마주쳤다. 어느 날 김기덕 감독의 『섬』이라는 영화를 보았다. 주인공이 낚시로 물고기를 잡는 광경을 보게 되었는데 그 순간에 낚시 바늘을 삼킨 '그 물고기'가 바로 '나'로 여겨졌다. 낚시꾼의 손짓에 따라 낚시 바늘이 온 목구멍을 찌르는 극도의 고통을 겪으며 끌려 나오는 물고기와 내가 한 존재라는 합일 의식을 갖게 된 것이다. 그 즉시 나는 낚시를 그만두었다.

그리고 또 어느 날이었다. 공기총으로 참새를 잡아 숯불에 구웠는데, 집에 참새고기보다 맛있는 것이 널려 있어 식구들이 아무도 거들떠보지 않았다. 그걸 보면서 내가 한 짓(내 안의 살육 충동으로 인한 무모한 살생)을 자각하고 깜짝 놀라 그것도 바로 그만두었다.

재미로, 놀이로 하는 살생을 그 후로는 일절 하지 않게 되었다.

젊었을 때는 생선회를 아주 좋아해서 잘 먹었는데, 어느 날 점심 식사를 하러 가서 횟집 주인 남자가 날카롭게 벼린 칼로 물고기의 생살을 저미는 모습을 보다가 문득 내 살이 저며지는 듯한 고통이 느껴졌다. 그 후로 나는 회를 먹지 않았다. 아니 먹을 수가 없었다.

이런 체험들이 바로 생태적 감수성과 생태적 영성이 일깨워진 상태다. '물고기'가 '나'고 '새'가 '나'고 '풍뎅이'가 '나'인데, 자살을 시도한다면 모를까 내가 나를 그렇게 잔인하게 죽일 수는 없질 않겠는가? 그러나 내 기쁨을 위해 꽃 한 송이도 함부로 꺾지 말아야겠다는 생각을 하기까지는 더 많은 시간이 필요했다.

나는 1998년 8월 '푸른꿈고등학교' 설립을 준비하다 간경화 판정을 받았던 무주에서부터 지금까지 샴푸와 비누 등을 일절 사용하지 않고 있다. 일차적으로는 내가 사용한 세제들이 내와 강과 바다로 흘러 들어가 뭇 생명체들에게 해를 입히며 결국 그것이 내 입으로 들어오는 순환 사이클을 알게 되었기 때문이다.

생태적 감성이 깨우쳐지고 생태영생적 각성을 경험한 이후, 1994년 가을, 내 나이 서른여덟이 되던 때 불교환경교육원에서 처음으로 생태학 공부를 했다. 그리고 1999년에 생태이념을 표방하는 무주 '푸른꿈고등학교'를 설립했다. 이후 담양 '한빛고등학교' 초빙 교장을 거쳐 함양 '녹색대학교'와 광주 '지혜학교' 설립·운영까지 생태적 가치를 내세우는 학교를 설립하여 운영했다.

1.2 생태교육의 필요성

세상에는 우리가 알게 모르게 저지르는 반생명적 행위들이 널려 있다. 지난 6월 10일(2023년) '무안연꽃축제'에 참가했는데, 거기서 산낙지를 웅덩이에 던져넣고 아이들에게 잡게 하는 광경을 목격했다. 엄마·아빠 들은 자기 아이가 낙지를 먼저 그리고 많이 잡기를 적극 응원하고 있었다. 우리 주변에서 흔히 볼 수 있는 예다. 대표적으로 화천의 '산천어축제'에서, 선생이 학생들을 이끌고 오거나 부모가 자녀들을 데리고 와서 아이들이 잡은 산천어를 들고 활짝 웃으며 사진을 찍는 영상을 본다. 초등학교 아이들이 학교 앞에서 장사꾼들이 판매하는 병아리를 사 가지고 놀다 집으로 가지고 가서 결국 죽게 만드는 것도 우리가 많이 목격한 것들이다.

개인의 차원을 넘어 '문명'이라는 미명 하에 삶터를 빼앗긴 동물들에 관한 이야기도 곳곳에서 심심찮게 들려온다. 세계가 원래부터 인간의 것이었다는 듯 인간은 그들을 정죄하고 가두고 살해한다.

원래 세계에는 주인이 없었다. 그래서 옛날 사람들은 대부분 세계의 주인은 하느님이라고 말했다. 하느님은 공유적 존재이지 개별적 분절적 존재가 아닌 것으로 인식한 것이다. 아담이 밭을 갈고 이브가 길쌈을 할 때 하늘과 땅, 강과 산, 동물과 식물의 주인은 없었다. 모든 것은 그 자체로 고유한 목적이 있었다. 누구도 어떤 것도 지배당하려고 태어난 것은 없다. 아니 비 생명체마저도 내재적 가치를 지닌다.

황소개구리 잡기 대회
- 김창수

학생들아!
황소개구리는 보는 즉시 때려죽여라
황소개구리 잡기 대회 날
선생님 목소리는 만주 벌판 말 달리는 독립군이었다
토종 개구리 씨를 말리는 외래종이니 보는 즉시 처단하라
수행평가에 반영한다
거리낌 없이 잡아 죽여라

아이들은 경쟁적으로
황소개구리를
때려~
때려~
때려죽이며
자신에게 해롭다고 생각되는 것들과
언젠가는
자기 편 아니게 보이는 것들까지도
죽일 수 있는 놀이를
축제로 배웠다

위의 시는, 2000년 7월 여름방학을 앞둔 광주의 모 중학교 교사가 학생들을 데리고 실제로 열었던 '황소개구리 잡기 대회' 모습을 형상화한 것이다. 나는 이 끔찍한 사건에서 인간의 자연지배주의적 세계관과 생태민족주의를 보았다. 나아가 학생들이 황소개구리를 때려잡는 '놀이'를 하면서, 자신에게 방해가 된다고 판단되는 타자에 대한 폭력을 정당화할 수 있음을 놓치고 있는 교사의 저열한 의식 수준을 폭로하고 싶었다. 더불어 청년 시절까지 생명체들을 아무런 의식 없이 죽였던 내 행위들을 떠올리며, 가슴을 치며 시를 썼다.

누가 인간에게 자연을 자신의 마음대로 지배해도 좋다는 권리를 주었는가? 몸에 좋다고 해서 남미에 서식하던 황소개구리를 굳이 한국으로 가져온 존재는 누구인가? 산림녹화한다고 번식력이 좋은 아까시나무를 전국 산지사방에 심더니, 삼림이 우거지자 외래종이라고 뿌리까지 뽑아버리는 행동은 어떤 말로도 정당화하기 어려울 것이다. 교육이라는 이름으로 살생을 정당화하여 가르치는 것이 나치의 유대인 학살에 동조하라고 가르친 제2차 세계대전 당시 독일 교육과 무엇이 다른가? 우리는 교육을 통해 자신의 이익에 반하는 것은 무엇이든 제거해버리는 행위를 배울 수 있다는 것을 끊임없이 경계해야 한다.

그러면 아이들이 다른 생명체를 잡아서 놀다가 죽이는 걸 태어나면서부터 하도록 유전인자에 코드화되어 있을까? 진화생물학적으로 보면 인간의 DNA에 그런 흔적이 남아 있을 수 있다. 또한 타

생명체를 향한 연민이나 자비심도 잠재해 있을 것이다. 이 지점에서 생태적 인간으로서의 교사의 역할이 필요하다. 살육을 놀이로 하는 것을 자기 안에서 끄집어내게 할 것인지 아니면 생명을 살리는 감성을 길러줄 것인지 교사의 역할이 무엇보다 중요하게 된다.

무제
– 묵암선사(고려)

위서 상유반(爲鼠 常留飯) 하고(쥐를 주려고 밥을 남기고)
연아 부점등(憐蛾 不點燈) 하며(나방을 불쌍히 여겨 등불을 켜지 않으며)
자종 청초출(自從 靑草出)이라도(절로 난 푸른 풀 한 포기라도)
편불 하계행(便不 下階行)이라(밟지 않고자 계단을 조심히 딛네)

우리 조상님들은 위 묵암선사의 시처럼 쥐를 위하여 밥을 남기고, 나방이 불쌍하여 등불을 켜지 않았다. 또한 어머니들은 하수구에 서식하는 뭇 생명들이 상할까 봐 뜨거운 물을 식혀서 하수구에 부으셨다. 이런 생명존중 사상과 실천만이 결국 생태계를 지키고 보존할 수 있게 할 것이다.

나로 하여금 생태 · 환경운동가로서 생태적 가치에 기반을 둔 학교 셋을 만들 수 있도록 씨앗을 뿌린 사람은 '산림왕' '임종국' 선생이었다. 그는 산에 나무를 심어야 우리나라에 희망이 있다고 열변을 토하곤 했다. 4학년 나이의 꼬맹이(당시에는 학교를 그만두고 혼자 놀고 있었을 때)가 무슨 말인지 다 알아들을 수는 없었지만 나무는 무조건 많이 심어야 한다는 말로 들렸다.

그 무렵 아버지도 생명존중사상을 가르쳐주셨다. 한번은 알을 품고 있는 꿩을 보고서 잡으려고 하는데, 보리밭에서 일하던 아버지가 "알 품은 어미 새는 잡는 법이 아니다"라며 말리셨다. 아버지 말에 깃든 의미를 알 듯 말 듯 하였지만 그래야 할 것 같았다. 당시 시골 어른들은 물고기가 알을 배는 시기에는 물고기를 잡지 않았고 우리들에게도 그렇게 하라고 가르쳤다. 어른들이 생명의 존엄성과 상호의존성 그리고 그 너머의 어떤 숭고함을 가르쳐준 것이다.

생태교육을 하는 시기는 어리면 어릴수록 좋다. 그 점을 잘 알고 있었던 임재택 교수(부산대 명예교수)는 생태유아교육운동과 생태유아원 설립운동에 앞장섰고, 그 영향으로 전국에 수많은 생태유아원이 탄생했다.

2. 생태적 감성과 영성[36]

생태위기를 극복하기 위해서는 우선 생태적 감성과 생태영성의

---

36) 영성에 대한 이야기는 3장 '영성적 존재'에서 이야기하였다.

각성이 필요하다. 물론 생태계가 보존되기 위해서는 먼저 생명체들이 죽임을 당하고 생태계가 파괴되고 있다는 사실을 알아야 한다. 그리고 그러한 세계에 대한 인식을 바탕으로 생명을 소중하게 여기고 그것들을 살리려는 의지를 가져야 한다. 나아가 생태계를 지키려는 실천적 행동이 뒤따라야만 한다. 그 모든 행위(의식, 의지, 행동)의 바탕에 생태적 감성과 생태영성이 뒷받침될 때 생태적 실천력이 발휘될 수 있다.

여기서의 감성은, 칸트의 시간과 공간의 두 형식에 의해 감각대상이 감각주관에게 다가오는 '감각수용 능력'에다 '느낌'을 더한 개념이다. 그것은 불교의 오온(五蘊)[37]에서 '수'(受, receive and feeling)에 해당하는 것으로, 이렇게 감성을 해석해야만 객관적 상태를 가리키는 감각수용 능력의 범위를 넘어서 실천적 의지를 자극할 수 있기 때문이다.

영성은 인간이 자기를 넘어서 궁극에 이르려는 지향성으로, 세계 속에서의 영성은 '나'와 '네'가 둘이 아니라[不二] 하나로 연결되어 있다는 의식 상태로, 동체대비(同體大悲) 마음으로 생태계를 수용할 수 있는 개념이다.

인류는 지금의 환경문제에 직면하여, 인간이라는 단일종으로 인해 생태적 종말이 올 수도 있다는 점을 안타깝게 생각하고, 미안해

---

37) 인간 존재를 구성하는 다섯 요소를 가리키는 불교용어로 색수상행식(色受想行識)을 말한다.

하고, 어떻게 하면 생태계를 더 이상 파괴하지 않고 복원할 것인지에 대한 소망을 가질 수 있는 생태적 감수성과 생태영성이 절실히 필요하게 되었다.

3. 환경·생태위기 시대[38]

우리에게 미래가 있을까? 20세기 전반까지만 해도 이 질문은 주로 두 영역에서 제기되었다. 첫째는 인간의 사회적 계층구조 내에서 발생하는 갈등이나 폭력 – 사회 혹은 국가 그리고 세계 내에서 발생하는 – 으로서 억압과 착취, 기아와 빈곤, 전쟁과 학살, 각종 차별 등이었다. 둘째는 가뭄과 기근, 지진과 화산폭발, 전염병과 홍수 등의 전통적인 자연재해였다. 이렇게 20세기 중반까지는 인간이 야기시킨 사회적 문제와 자연이 몰고 온 자연재해가 따로 구분된 질문이었다. 해법 역시 해당 영역 안에서 처방을 모색하면 되었지만, 그 해법이 그렇게 호락호락한 것은 아니었다.

그러나 인류는 현재 우리와 우리의 후세들에게 미래가 지속가능할 수 없을지도 모른다는 큰 불안감에 빠져 있다. 인간 세계의 사회적 문제들과 인간의 환경파괴로 말미암은 재앙이 서로 원인이 되어, 어쩌면 다섯 차례의 대멸종에 준하는 '거주 불능 지구' 즉 6차

---

38) 이후 3, 4, 5는 2022년 11월 11일 '이세종세미나'에서 발표한 논문 중 일부다.

대멸종이 올지도 모르는 사태와 마주하게 된 것이다.

대기 화학자인 파울 크뤼천[39]은 지구의 지질시대 구분과 관련, 1만 년 동안의 '홀로세'(Holocene)가 끝났으며 지금은 '인류세'(Anthropocene)로 명명해야 한다고 주장한다.[40] 지질시대는 대규모 멸종을 비롯한 전 지구적 규모의 생태계 변화를 기준으로 정해지는데, 홀로세는 1만 년 전 빙하기가 끝나고 따뜻한 간빙기가 도래하면서 인류가 본격적으로 농경을 시작함으로써 출발하였다.[41]

크뤼천이 '인류세'를 주장하는 배경에는 현재 전 지구적 변화가 발생하고 있으며, 그 변화를 야기한 주체가 인류라는 진단이 담겨 있다. 그는 '인류세'가 산업혁명으로 인해 지구 대기 중 이산화탄소와 메탄이 증가하기 시작할 때부터라고 제시했다.[42] 결국 200~300년이란 짧은 기간에 인류라는 단 하나의 생물종에 의해 안정된 지구 생태계가 급속도로 위기를 맞게 되었고, 인류를 포함한 생물종이 대멸종으로 내몰리게 되었다. 지금의 환경위기가 '자연재해'가

---

39) 파울 요제프 크뤼천(Paul Jozef Crutzen, 1933년 12월 3일 ~ 2021년 1월 28일): 네덜란드 출신의 대기화학자. 그는 산화질소류가 태양의 자외선으로부터 지구 상의 생명을 보호해주는 성층권의 오존층을 파괴할 수도 있다는 사실을 제시하여 전지구적인 환경문제를 제기한 공로로 F. 셔우드 롤런드, 마리오 몰리나와 함께 1995년 노벨 화학상을 받았다.

40) 파울 크뤼천(Paul J. Crutzen), 'Geology of Mankind', 『Nature』 415, 2002, P23

41) 인류세의 시점에 관한 여러 주장들 가운데는 인류의 농경생활 시작 자체가 인류세의 시작이라는 주장에서부터, 인구폭발과 더불어 대규모의 신물질과 핵폭발에 의한 방사능 낙진이 등장한 1950년대라는 주장도 있다. 현재 인류세 명명에 대해서는 아직 공식적으로 인정된 것은 아니다.

42) 유상균, '기후 위기 극복을 위한 시민 교육과 연대의 필요성', 영남대 사범대 특수교육학과 토론 자료, 2020

아니라 인간에 의한 '대량학살'에 따른 위기가 된 것이다.[43]

그런데 이렇게 절박한 과제인 환경·생태 위기의 원인에 대한 해석을 놓고 환경·생태주의자들과 일부 과학자들 사이에 상반된 의견이 충돌하고 있다. 그것은 바로 전 지구적인 환경·생태위기가 인간의 무분별한 환경파괴로 말미암은 것이라는 주장과 지구의 자기조절작용이라는 주장이다. 그러나 분명한 것은 환경·생태위기의 원인이 무엇이든 간에 기후변화나 전염병 그리고 가뭄이나 홍수, 태풍이나 해일 등으로 세계가 극심한 고통 가운데 처해 있다는 것만은 사실이다.

우리, 나아가 우리 후세들에게 미래가 있을까, 라는 절박한 질문과 그 대책을 수립, 실행하기에는 사실상 많이 늦었다. 20세기 후반부터 2023년 오늘에 이르기까지 이런 질문은 질문을 제기하는 사람이나 듣는 사람 모두에게 마치 혹세무민하는 종말론처럼 다가온다. 그럼에도 불구하고 다행인지 불행인지 코로나19[44]로 인해 세계 전반에 걸쳐 환경의식이 깨어나는 것 같아 그나마 기후위기를 비롯한 환경재앙 극복에 대한 작은 희망이 시작된 것이 아닌가 하는 기대를 가져본다.

환경의식은, 세계는 지금 환경이 심각하게 오염되고 파괴되고 있

---

43) 데이비드 월러스 웰즈, 『2050 거주불능지구』, 김재경, 추수밭, 2020, P21
44) 세계가 코로나19로부터의 탈출에만 관심을 기울였지 왜 주기적으로 세계적 규모의 전염병이 창궐한지에 대한 대 토론을 통해 대책을 마련할 기회를 놓치고 말았던 점이 참으로 아쉽다.

다, 환경을 파괴하는 주체는 인간이다, 여기서 더 이상 환경을 오염시키고 파괴하면 인간도 죽을 수밖에 없다, 그러니 더 이상 환경을 오염시키거나 파괴하지 말아야 한다, 그리고 이미 파괴되고 오염된 환경을 살리기 위한 대책이 마련되어야 한다, 그래서 인간과 자연이 함께 잘 어울려 사는 협력관계를 조성하자, 라는 것까지 아우르는 의식을 일컫는다.[45] 이런 환경의식은 환경문제를 자신의 문제로 자각하고 그 문제를 해결하려는 의지와 실천을 요구한다.

환경문제는 주로 일곱 가지로 분류된다. 그것은 환경오염(토질, 수질, 대기), 환경파괴, 자원고갈, 생명산업(G.M.O 등), 인구증가, 환경폐기물, 기후변화(현재는 지구온난화)가 그것이다. 그중에서 지구 생명체의 대규모 멸종을 야기시키는 데 가장 두드러진 역할을 하는 것이 인구 증가와 지구 온난화다.[46]

---

45) 지구온난화란 온실 가스에 의해 지구의 평균 기온이 올라가는 현상으로, 온실 가스에는 화석 연료에서 배출되는 탄산가스(CO_2의 기체 상태)를 필두로 메탄, 이산화질소, 염화불화탄소 등 여러 가지 물질이 있다. 온난화의 메커니즘은 인구 증가 · 공업 발달→화석연료 사용 증가→대기 중 이산화탄소 · 메탄가스 등 온실 가스 증가→온실효과로 인한 지구 복사에너지 차단→지구의 평균 기온 상승 과정으로 나타난다.

46) 지구온난화의 영향은 육지에서의 식생의 변화, 북반구에서의 농작물 북한계선 북상, 말라리아 및 세균성 이질 환자 증가 등으로 나타나고 해양에서는 엘리뇨 현상과 라니냐 현상, 해수면 상승(저지대 침수)과 초대형 폭풍 발생 등으로 나타나고 있다.

4. 생태학

생태학(ecology)[47]이라는 용어는 1866년 독일의 헥켈(E. Haeckel)에 의해 처음으로 사용되었다. ecology는 집이나 거주 지역을 의미하는 헬라어 'oikos'(오이코스)와 학문을 의미하는 'logos'(로고스)가 결합된 합성어다. 즉 생태학은 상호 의존적인 존재로서 함께 살고 있는 사람과 동물, 식물, 미생물, 비생명체의 거주지에 대한 연구분야이고, 생태계란 인간을 포함한 동식물 등의 생물이 햇빛과 물, 흙, 공기 등의 비생물적 요소와 함께 상호작용을 하는 관계적 장이 된다.

생태학[48]은 크게 세 가지 분야에 대한 연구다. 첫째는 생태학(ecology)이고 둘째는 생태론(ecological theory)이며 셋째는 생태주의(ecologism)다. 생태학은 자연과학의 자연기술(description)에서 나타난 분야다. 그것은 자연적 사실에 근거하여 생태계에서 이

---

47) 생태적 특성은 다음 일곱 가지로 정리될 수 있다.
   1. 총체성 : 생태계는 전체 모습을 보아야 정확히 할 수 있다.
   2. 개방성 : 생태계는 에너지와 물질의 유입과 배출이 외부 환경에 열려있다.
   3. 항상성 : 생태계는 항상성을 통해 자기를 유지한다.
   4. 순환성 : 생태계는 환류구조의 틀을 갖는다.
   5. 상호의존성 : 생물종들은 종 간 혹은 종 단위를 넘어서 직·간접적으로 서로 의존하고 있다.
   6. 다양성 : 생태계는 수많은 생물종과 종 내에서의 다양한 개체들이 있다.
   7. 자기 조직성: 생태계는 외부환경의 변화에 대처하여 스스로 조직, 변화, 발전한다.
48) 생물학은 서양의 이원론적 세계관을 반영하지만 생태학은 생물 또는 군집을 그 물리적 환경과 연결해서 바라본다.

루어지는 자연적 존재 간의 연계성을 기술하는 데 주안점을 둔다. 그리고 생태론은 자연과학의 생태학적 기술에 근거하여 사회적 현상을 인과적으로 설명하고 환경문제를 해소하는 데 초점을 맞추는 사회과학의 영역이다. 생태주의는 생태학의 인식에 배어 있는 세계관을 토대로 자연과 인간사회의 관계 설정에 따른 가치관으로 확장되며, 이런 이념을 근간으로 새로운 문명사회를 지향하는 철학적, 윤리적 해석의 영역이다.

생태학에서 생태주의 이념으로, 자연정책에서 생태윤리로 지평을 연 사람은 알도 레오폴드(Aldo Leopold)다. 그는 『모래 군의 열두 달』(A Sand County Almanac)에서 '대지의 윤리'(land ethic)[49]를 설파하면서, 인간도 자연의 평범한 구성원이라고 주장한다. 보통의 경우 '생태계' 혹은 '생태학'이라고 말할 때 우리는 흔히 인간을 제외한 나머지 세계를 떠올리기 쉽지만 레오폴드는 인간도 생태계에 속하는 하나의 종에 불과하다고 주장한다.

레오폴드의 '대지의 윤리' 이후 생태학이 사상적인 면에서 본격적으로 유통되기 시작한 것은 1962년 레이첼 카슨이 쓴 『침묵의 봄』직후다. 생태사상의 트로이카인 심층생태주의(아느 네스), 사회생태주의(머레이 북친), 생태여성주의가 출현한 것이다.

---

49) 알도 레오폴드(Aldo Leopold)는 『모래 군의 열두 달』(송명규역, 따님, 2020, P267)에서 "생명 공동체의 순결과 안정성 그리고 아름다움의 보전에 이바지한다면, 그것이 옳다. 그렇지 않으면, 그르다"라고 말한다.

5. 환경 · 생태 사상과 윤리

5.1 환경과 생태

환경에 대한 관심이나 환경운동이 시작된 것은 '근대 서구의 인간중심주의 세계관 그리고 그것과 병행해온 자본주의적 생산양식 그 자체가 환경위기의 주범이다'라는 인식이 공유되기 이전부터다. 풍요롭고 편리한 생활양식을 구축한 서구가 쾌적한 생활환경을 확보하는 데 방해를 받으면서 무엇이 문제인가를 살피기 시작했는데, 그들은 먼저 오염물질의 배출에 주목했다. 토양오염, 대기오염, 수질오염의 심각성과 그러한 오염물질들이 인간에게 어떻게 해롭게 작용하는가에 관심을 갖기 시작한 것이다.

이어서 환경파괴와 자원고갈 문제에 이르러 지속가능한 개발이 가능할지에 대한 의구심이 제기되었다. 여기서 생태주의자들은 우리 문명에 내재한 사상적 토대와 생산양식에 대한 재검토를 시도하기 시작한다. 환경오염, 환경파괴, 자원고갈, 지구온난화, G.M.O 식품 등으로 이어지는 환경문제와 환경재난이 서구의 인간중심의 자연지배적 세계관을 그 근저에서 흔들어놓은 것이다. 그러면서 점차 '환경'과 '생태'를 구분하게 되었고, 이를 기준으로 환경주의와 생태주의가 갈리게 된다.

환경 · 생태 문제에 대한 해법으로 고안된 시각은 크게 두 가지 유형으로 분류할 수 있다. 한 가지는 현 문명이 가져다주는 혜택을 긍정적으로 평가하면서, 현 문명의 틀과 혜택을 유지하는 범위 안에서 환경문제를 해결하고자 하는 '환경주의'다. 또 다른 시각은 환경문제가 장차 큰 위기로 심화될 것이고, 이런 위기는 물질 중심의 산업문명이 직접적 원인이기 때문에 현 문명의 생활양식과 제도, 가치관을 넘어서는 새 문명의 단계로 진입해야 한다는 '생태주의'다.

'환경'이라는 말은 인간이 중심이고 인간 이외의 자연은 주변이라는 의식에서 나온 개념이다. 인간은 목적이고 자연은 도구라는 인식 속에서 '환경'이라는 용어가 쓰이는 것이다. 이에 반해 '생태'(eco-)는 생태학(ecology)에서 등장한 개념이다. 생태학은, 자연적 존재는 서로 분리되어 있는 것이 아니라 서로 유기적으로 연계되어 각종 지구 생명체를 부양하는 체계임을 탐구한다. 물론 인간과 인간의 문화도 그런 자연의 생명에너지 흐름에 편입되어 있는 것으로 본다. 따라서 '생태'는 자연적 존재의 유기적 연관성을 바탕으로 생태계를 생명부양 체계로 인식하는 개념이다. 요컨대 '환경'이 인간중심적, 이원론적, 원자적, 단편적 세계인식을 반영한다면 '생태'는 생명중심적, 일원론적, 유기체적, 총체적 세계인식을 나타낸다고 할 수 있다. 환경은 기존의 문명을 유지하되 인간의 삶에 유해한 환경문제를 조절하자는 보수적 입장이고 생태는 인간과 세계를 보는 종래의 시각을 근본적으로 바꾸려는 급진적 시각이다.

5.2 서구의 생태사상[50]

서구의 생태주의 철학은 다양한 갈래로 발전해 왔다. 1960년대 말 보수적 환경주의가 환경문제 해결에 한계를 노정하면서 심층생태주의, 사회생태론, 생태여성주의(eco-feminism)가 1970년대 초반까지 엇비슷하게 등장한다. 여기서는 먼저 급진 생태주의의 트로이카라 불리는 심층생태주의와 사회생태론 그리고 생태여성주의에 대해 살펴보고 생태사회주의와 생태마르크스주의에 대해서는 약술한다.

심층생태주의(deep ecology)는 아느 네스(Arne Naess)에 의해 그 이념이 구체화된다. 이 입장은 환경위기의 뿌리가 인간중심주의에 따른 자연지배적 세계관에서 비롯되었기 때문에 이것을 바로잡지 않고서는 어떤 근원적 해법도 나올 수 없다고 진단한다. 자기실현과 생명중심적 평등주의가 심층생태주의의 두 가지 핵심 규범이다. 자기실현은 스스로를 타인과 다투면서 고립된 편협한 자아를 실현하는 과정이 아니라, 오히려 타인이나 자연과 하나됨을 확인하는 경로로서의 자기실현이다. 심층생태주의는 인간만이 아니라 자연적 생명도 생존하고 번성해야 할 가치를 그 안에 본래부터 갖고 있다는 내재적 가치(본래적 가치, 고유한 가치)를 갖는 것으로 규정한다.

머레이 북친(Murray Bookchin)으로 대표되는 사회생태주의

---

50) 김창수, '생태적 인간', 『열린 전북』 7월호, 2007

(social ecology)는 인간과 자연의 지배 및 수탈 관계에 앞서서 인간 사회에서의 사회적 요인, 즉 서열화(hierarchy)가 환경문제의 실질적 뿌리임을 지적한다. 그는 인간중심주의보다 더 근원적으로 사회적 요인, 즉 인간에 의한 인간 지배로 나타나는 사회적 위계질서가 자연에까지 확장되어 나타난 것이 바로 환경문제라고 보았다. 이런 서열화 의식과 제도로 인해 사회가 계층 및 계급으로 분화되어 온갖 사회문제를 초래하다가 마침내 자연의 영역으로 확장되어 환경위기를 초래하고 있다는 것이다.

아나키스트인 북친의 사회생태론은 일체의 강제적 권력이 사라진 사회, 즉 인간 사이에 일체의 구속과 억압, 착취가 사라진 공동체를 추구하는 아나키즘에 토대하고 있다. 인간이 자신의 자유로운 삶을 보장받기 위해 타인을 존중하면서 서로 협력하여 자율적 소공동체를 꾸리고, 이런 기초적 공동체가 다른 단위와 호혜적으로 사회적 연대를 도모하는 방식으로 연맹공동체를 조성하는 상호부조주의(mutualism)를 생태주의에 접목한 것이다.

생태여성주의는 심층생태주의의 영향으로 여성과 자연의 운명을 영성적으로 적극 연결시키고, 사회생태주의의 영향을 받아서 남성에 의한 여성억압 제도인 가부장제라는 사회적 요인이 자연의 영역으로 확장되어 환경문제를 초래한다고 주장한다.

생태여성주의의 주된 토양은 급진적 여성주의(radical feminism)였다. 급진적 여성주의는 사회제도 안에서 여성이 남성과 동등한 이성적 존재로 대우받거나(자유주의적 여성주의) 또는 여성이 무계급사회의 공적인 산업에 동참한다(마르크스주의적 여성주의)고 하더라도 여전히 남성에 의한 여성 억압은 지속될 것이라고 보았다. 가부장제가 여성 차별의 뿌리임을 본 것이다.

문화적 생태여성주의는 여성의 출산과 양육의 역할을 지구 자연의 생명체 탄생과 부양에 대비시켜 여성이 남성에 비해 훨씬 더 자연에 가깝다고 주장하면서 자연을 구하는 데 여성이 남성보다 더 적합하다는 주장을 펼쳤다. 그러나 사회적 생태여성주의는 여성이 남성보다 우월하다는 주장은 전도된 가부장적 본질주의로서 또 다른 이분법적 사유를 영속화하는 오류를 저지르는 것이라고 보았다.

위의 세 가지 생태주의를 급진적 생태주의라고 한다. 그 이유는 다음의 두 가지로 들 수 있다. 첫째, 환경위기의 원인을 근원적으로 추적하여 세계관이나 사회적 기원 등의 문제로 제기하고 있고, 둘째, 혁명이나 문화 패러다임의 교체를 통해서만이 지구를 구할 수 있다고 주장하는 것이다.

이 밖에도 생태사회주의나 생태마르크스주의가 있는데, 이것들은 공히 생태위기의 원인이 자본주의적 생산양식에서 기인한다고 보며 생산력주의를 채택한다는 점에서 한계를 노출한다. 사실상 사회주의도 자본주의와 마찬가지로 근대적 사유의 산물이며 거기에는 과도한 이성주의가 뿌리를 내리고 있다. 이것들은 모두 인간의 사회경제적 해방이라는 틀 안에서 인간의 자연과의 교섭을 이야기하기 때문에 본격적인 생태주의라고 말하기에는 곤란하다.

이상 우리는 서구의 생태주의를 간략하게 살펴보았다. 제기된 생태주의 철학들이 각기 생태문제에 대한 진단과 해법을 내놓고 있고 나름대로 유효한 측면들이 많지만, 어느 것 하나로만 생태문제를 바라보는 시각으로 붙잡기에는 곤란한 점이 있다. 심층생태주의는 인간 세계에 있어서 문화와 인간의 정신의 문제를, 사회생태론은 인간의 욕망의 문제를, 생태여성주의는 영성에 대한 여성주의적 시각을, 생태사회주의나 생태마르크스주의는 생산력주의의 한계 속에 매몰되어 있어 근본적인 생태적 시각 확보가 어렵다.

생태주의 시각으로 보면, 인간이 지상에 출현한 이후 역사시대에 접어들면서 이미 반생태주의 문명이 시작되었다고 보는 것이 타당하다. 잉여생산물을 놓고 지배와 피지배가 구조화되고 전쟁과 식민활동 등 '죽임'의 문화가 바로 반생태적인 것이다. 자본주의 생산양식과 근대 서구사상이 생태문제의 주범이긴 하지만 그 이전에도 이미 생태문제는 있었던 것이다. 생태문제의 해결은 인간의 자기성찰과 자기 비움까지 포월(抱越)해야만 가능할 것이다. 이 지점이 바로 영성적 생태주의가 시작되는 자리다.

5.3 동양의 생태사상

생태문명이라는 새로운 문명 건설의 중요한 실마리를 동아시아의 문명, 유학과 도가, 불교사상 등에서도 찾을 수 있다. 동아시아와 한국의 전통사상은 자연을 경외하는 생명[51] 존중 사상으로 특징 지을 수 있기 때문에 그것이 갖는 생태적 함의도 분명하다.[52]

한국의 전통사상은 풍류사상에 기반하여 유학, 도가, 불교 등 유불선 사상을 수용하고 재해석하였다. 이러한 자연관은 천인합일이나 연기설을 기반으로 하고 있기 때문에 생태사상과 밀접한 관계가 있다. 동학도 자연관에서는 전통사상과 맥이 닿아 있다. 특히 수운 최재우 선생의 시천주(侍天主) 사상이나 해월 최시형 선생의 향아설위(向我設位), 이천식천(以天食天), 이천봉천(以天奉天), 물물천사사천(物物天事事天) 사상 등은 생태사상의 완성이라 할 만하다.

생태위기의 해법[53]으로, 한면희는 동아시아와 한국의 전통문화에

---

51) '생명'이나 '생태'라는 개념은 같은 뜻으로 쓰일 때가 있고 구분해서 사용될 때가 있다. 그 단어들을 구분하자면 '생명'은 '생명현상'이나 '개체 생명'이라는 측면을 강조하는 것이고 '생태'는 '생명의 시스템', '전체 생명의 상호작용'에 방점을 두는 개념이다.

52) 한면희,『동아시아 문명과 한국의 생태주의』, 철학과 현실, 2009, P57~58

53) 생태위기 극복을 위한 실천 전략적 측면에서 바라본 생태주의의 두 유형(한면희, 위의 책 p14)
   - 소극적 생태주의는
     1. 인간과 자연이 유기적으로 연결되어 있다는 연계성 논제와
     2. 자연이 도구를 넘어서는 가치를 지니고 있다고 보는 탈도구적 가치 논제를 수용한다. 동아시아 문명과 한국의 전통적 자연관이 소극적 생태주의로 분류될 수 있다.
   - 적극적 생태주의는 위의 두 논제를 수용하되
     1. 사회의 지속적 성장에는 자연에 한계가 있다는 생태적 한계성 논제
     2. 실현가능한 이념적 체계화가 구축되어야 한다는 이념 구체화 프로그램 논제를 포함한다. 서구의 생태주의는 사상의 다양한 유형별로, 소극적, 적극적 논제 중 그것들을 전체로 혹은 부분적으로 포함하고 있다고 보는 것이 무난할 것 같다.
   - 그러나 필자는 한면희의 생태사상이, 실천에 있어서 전략적 실효성을 가지려면 의식의 진화논제가 추가되어야만 생태문명의 구축이 가능할 것으로 본다.

나타난 생명 존중의 자연관과 가치관을 중시하고 또 다른 한편으로는 서양에서 발전시킨 합리적 사회제도를 고려하면서 양자가 서로 조화롭게 생태문명을 이루는 방향으로 나아가야 한다고 주장한다.

5.4 환경·생태윤리의 필요성

생태교육에서 지향하는 인간을 '생태적 인간'이라 한다면 '생태적 인간'은 사상적으로, 윤리적으로, 미학적으로 '생명문화공동체'를 지향하고 이루려 노력하는 사람일 것이다. 이러한 생각의 연장선상에서 보면, 생태교육은 사상적으로, 윤리적으로, 미학적으로 그리고 문화적으로 생태적 삶을 조직하려는 의도적이며 자각적인 행위가 된다.

그런데 우리가 생태문명을 일구기 위해서 생태교육을 실행한다면, 먼저 생태사상이나 생태윤리의 보편성을 확보해야만 한다. 그러기 위해서는 생태사상이나 생태윤리를 인류가 보편적으로 확보할 수 있는 근거는 무엇이며 그것이 가능한가, 생태사상이나 생태윤리가 인간에게 목적론적으로 필요한 것인가, 아니면 당위적으로 요청되는 것인가 등의 문제들에 대한 합의가 선행되어야 한다는 말이다.

인간의 윤리는 인간진화의 산물인가? 생물학자들은 인간에게 윤리는 진화의 한 양상이지 인간에게 처음부터 부여된 고유한 능력이 아니라고 말한다. 인류학이나 고생물학에서부터 현대의 뇌생리

학적 자료를 통해 규명해본 인간은 결코 처음부터 윤리적 존재가
아니었다는 것이다. 인간이 윤리적 특징을 가지고 있다면 그것은
진화 과정에서 획득된 것으로, 다른 생명체들도 독특한 특징을 가
질 수 있는 것과 같은 다양한 양상 중의 하나라는 것이다.

　진화론적 입장에서 인간은 그의 독특성을 상실한다. 인간의 다른
특징들인 도구 사용, 언어, 이성도 생물 진화 과정의 다양한 형태
중 하나일 뿐이다.

　인간의 윤리적 특성이 진화의 산물이라면 인간 존재의 자기 보
존이라는 과제 앞에서만 그 윤리가 의미를 가질 것인데, 지금까지
인류가 정리한 철학 가운데 그것은 공리주의적 관점을 생태적으로
확장한 것에 해당될 것이다. 제1세계나 우리나라의 경우 적어도 생
태사상이나 생태윤리 및 생태교육에 대한 공리주의적인 합의는 어
느 정도 이루어졌다고 본다. 그러나 생태위기를 공리적 관점으로만
해결할 수 있을까?

　또 다른 한편, 선천적으로 인간이 윤리적 특징을 가지고 있었느
냐 없었느냐에 대한 문제는 인간의 본성을 인정하면 쉽게 그 논쟁
을 그만둘 수 있는 문제지만, 오늘날 인간본성에 대한 그러한 정의
들은 큰 설득력을 갖지 못한다. 그렇기 때문에 인간에게 윤리의 문
제를 보편화시키는 일은 그리 만만한 것 같지 않다.

　그러나 인간에게 존엄성을 부여하는 것은, 인간은 그를 가두는
것들(신, 종교, 이데올로기, 지역, 민족, 문화, 성, 신분, 계급, 언어, 연령

등)을 만들어내기도 하지만 그것들로부터 벗어날 수 있는 능력도 가지고 있다는 점에서이다. 생물학주의자들은 유전자 결정론으로, 유물론자들은 환경결정론으로 인간을 해명하려 하는데, 그들이 부딪히는 난관은 인간의 자유의지나 인간의 자기초월에 대한 지향성의 문제다. 인간은 상황 즉 생물학적 요인과 환경적 요인에 의해 영향을 받아 형성되는 존재지만 동시에 상황 밖에서 자신을 볼 수도 있고 상황을 벗어나 다른 차원의 존재로의 지향을 꿈꾸기도 한다. 인간의 자신에 대한 거리두기, 자기초월과 궁극에 대한 지향, 자유의지 등의 관점에서 확보될 수 있는 윤리는 무위적 윤리이다.

상황 안에 갇힌 인간이나 본성 안에 유폐된 인간 이해도 자기 자신을 부분적으로 드러내주는 점이 분명히 있지만, 자신에 대한 거리두기나 궁극에 대한 추구의 특징을 포함한 윤리를 간과해서는 안 될 것이다. 내가 나에 대해 생각할 때, 나는 어떤 의미에서 나 자신을 초월해 있다는 것이 학문적 영역에서는 개연성으로, 윤리적 영역에서는 확실성으로 확충되어야만 생태윤리의 온전함이 가능할 것이다.

인간의 행위는 동물적 차원에서부터 대아적 차원까지 아우를 수 있다. 개별적 인간이나 집단적 인간에게 이러한 윤리들이 혼합되어 나타난다. 인간이 성숙해질수록 하위 영역들의 윤리는 큰 장애가 되지 않는다. 인간의 자연 진화는 그것들(하위 영역의 윤리들)이 자연스럽게 극복되는 방향으로 이루어지는데, 교육은 그것을 의도적으로 급속하게 촉진한다. 생태윤리교육이 필요한 이유다.

인간의 행위는 네 가지 형태로 이루어진다. 몸(행동)짓, 말(언어)짓, 생각, 마음이 그것이다. 19세기까지 인간이해는 주로 인간의 이성(생각)의 차원에 맞추어져 있었다. 그러나 20세기에 들어와 인간의 비이성의 영역을 인간의 속성으로 포함시켜 이해하기 시작하는 비주류 사상이 출현했다. 키에르케고르나 니체 등에서 시작된 탈이성적인 인간이해가 현재에 이르러서는 탈·반·초이성적인 영역까지 포함하게 되었다. 마음이나 충동, 욕구, 의지, 생 등 이성 밖의 영역에 대한 인간의 자기이해가 오히려 생태윤리나 초월적 영역들에 대한 개연성을 수용할 수 있는 근거가 되고 있다.

몸짓, 말, 생각, 마음으로 드러나는 인간의 삶에서 자유의지에 따른 의무론적 윤리나 영성적 능력에 따른 무위적 윤리의 근거를 확보하는 것과 윤리적 삶을 살아내는 것은 쉽게 통일될 수 있는 것은 분명 아니지만, 불가능한 것도 아니다. 따라서 선생은 자신이 먼저 의무론적, 무위적 윤리관을 토대로 생태적 삶을 꾸려가면서 학생들에게 생태윤리의 필요성을 역설할 수 있는 역량을 갖추어야 한다.

이상에서 선생이 실천하고 살아야 할 '생태적 인간'에 대해 살펴보았다. 생태·환경 문제의 해결을 위해서 무엇보다 먼저 선행되어야 할 것은, 개개인이 자신이 범했거나 범하고 있는 반생태적 행위들을 반성적으로 되돌아보는 일이다. 나아가 생태적 감성과 영성의 각성의 토대 위에서 현재의 생태위기를 진단하고 그 해결책을 모색해가야 한다. 생태 · 환경 문제 해결책을 모색하는 데는 현재의 생태 · 환경 문제를 인식하고 그 문제를 사람들은 어떻게 생각하는지를 알아야 한다. 그런 토대 위에서 지구생태 · 환경을 보존하기 위해서 자신이 할 일이 무엇인지를 선택하여 행동에 나서야 한다. 몸소 몸으로 실천하지 않는 생태담론은 탁상공론에 지나지 않는다.

나오는 말 : '온살이' 교육론

•

생명이 있는 모든 것은 나서 자라고 장성한 삶을 살다가 늙어 죽는다. 생물종에 따라, 각 종 내의 개체에 따라 생존 기간이 각기 다르지만, 각 생명체는 자기존재 방식에 따라 생명을 가진 존재로서의 한살이를 하기 위한 학습활동을 하게 된다.

그중에서 인간은 태어나서 자라는 과정에서 생존을 위한 학습을 하는 동시에 자기의식을 바탕으로 바람직한 삶과 사랑 그리고 죽음을 물으며 사는 존재다. 물론 인간 이외의 다른 생명체도 생존을 위한 학습을 한다. 그리고 고등동물의 경우 자신이 죽을 때도 알아차린다. 그러나 인간 이외의 타 생명체의 순환은 자기의식이 빠진, '자연성의 그러함'(DNA 유전자 정보에 따름)의 수용이다.

•

인간은 삶의 과정에서 '삶은 무엇이며 사랑한다는 것은 무엇인가. 죽음은 무엇이며 궁극에 이르는 길은 또한 무엇인가?'라는 두 번에 걸친 질문을 던진다. 그리고 나름대로 내린 대답을 가지고 살아간다. 두 번에 걸친 질문과 답은, 형식은 같지만 내용 면에서는 차원을 달리한다. 삶의 전반부('전살이')와 후반부('후살이')의 각 시기마다 위의 질문을 던지고 나름대로의 해답으로 살아간다는 말이다.

∙

고대 인도인들은 50세 무렵의 나이를 '바나프라스타'(은둔기, vānaprastha)[54]라 불렀다. '산을 바라보기 시작할 때'라는 뜻이다. 즉 태어나서 가정을 꾸리고 살다가 제2의 인생을 시작할 때를 가리킨다. 인도인들은 태어나서 성인이 될 때까지에 해당하는 '브라마차리아' 시기에는 세속 생활을 꾸려가기 위한 학습활동을 하고, 생활인 시기인 '그리하스타(가주기, 家住期)'에는 일을 하고 가정을 꾸리며 사는 것으로 보았다. '바나프라스타' 시기에는 산이나 사막 같은 데 은거하며 자기성찰과 명상을 통해 제2의 인생을 살 준비를 하고, 마지막으로 유랑기인 '산야사' 시기에는 구루(선생)가 되어 여기저기 떠돌며 선생 노릇을 하다가 생을 마치는 것으로 보았다. 인생을 크게 두 시기로 나누어 서로 연계성을 가진 것으로 본 것이다.

공자도 『논어』 위정(爲政)편에서 거의 비슷한 이야기를 한다.[55]

---

54) 고대 인도인들은 인생을 4주기-학습기(學習期, brahmacharya), 가주기(家住期, grihashta) 혹은 생활기(生活期), 은둔기(隱遁期, vānaprastha) 혹은 임서기(林棲期), 유랑기(流浪期, sannyāsa)-로 나누어 보았다.

55) 자왈 오십유오이지우학(子曰 吾十有五而志于學)하고 三十而立(삼십이립)하고 四十而不惑(사십이불혹)하고 五十而知天命(오십이지천명)하고 六十而耳順(육

공자는, 15세에 공부할 결심을 하였고 30세에 세상살이를 어떻게
할 것인지 뜻을 세웠으며, 40대에는 자신이 세운 뜻에 흔들림이 없
었다고 한다. 그리고 쉰이 넘자 하늘의 뜻을 알게 되었다고 말한다.
50세 전까지는 세속적 가치에 토대를 둔 세속적 지혜를 추구하며
살다가 50대에 이르러 하늘의 뜻을 헤아릴 줄 알게 되었고, 60대
에는 천명이 귀에 거슬리지 않게(자신의 뜻과 어긋나지 않게) 되었으
며 마침내 70세에 이르러 마음 가는 바를 따르더라도 도에 어긋남
이 없게 되었다고 한다. 이렇듯 고대부터 인도나 중국 등 세계는 인
생을 크게 두 시기로 나누어서 보고 거기에 적합하게 살려고 노력
했다.

·

'전살이'는 생명의 계속성에 초점이 맞추어진, 즉 학습과 결혼, 출
산 및 양육과 생계유지 등에 중점을 둔 삶으로, 거기에 합당한 행복
한 삶과 사랑을 찾아 질주하는 시기다. 청소년기까지는 학습활동을
하면서 삶과 사랑 그리고 죽음에 대한 질문을 던지고 그 해답을 찾
으려 한다. 청년과 장년기는 청소년기에 던졌던 죽음에 대한 질문은
슬며시 젖혀두고 사는 것과 사랑하는 것에만 주로 초점이 맞추어진

십이이순)하고 七十而從心所欲(칠십이종심소욕)하되 不踰矩(불유구)라. 공자
가 말하기를 "나는 15세에 학문할 마음을 먹었고, 30세에 삶의 방향을 확고히
정하였다. 40세에 그 뜻이 흔들리지 않게 되었고, 50세에 천명을 알았다. 60세
에 귀가 순해졌으며, 70세에 이르러 마음이 하고 싶은 바를 따르더라도 규범에
어긋나지 않게 되었다."

시기다. 한마디로 '전살이'는 사회적 자아를 실현하려는 시기다.

　　　　　　　　　•

　개인별로 강약과 시기의 차이가 있겠지만 '전살이'가 끝날 때쯤 되면, 흔히 사추기(思秋期)라 불리는 시기가 우리를 찾게 된다. 이때부터 일선에서 물러나 수도를 하다가 후학을 가르치며 살다 늙어 죽는 시기까지를 '후살이'라 할 수 있겠다. '후살이'에서 인간은 또다시 삶과 죽음과 사랑 그리고 자기 존재의 근원을 묻게 된다.

　역사적으로 우리나라나 중국, 인도 등에서, 아니 세계 곳곳에서 중년기에서 노년기에 이른 사람들은 자신이 속한 집단의 장로로서 지혜의 보고 역할을 해왔다. 좀 더 조직적으로는 의식적인 교육활동까지 담당하기도 했다. '후살이'를 했던 당대의 사람들을 우리 시대로 끌어와 해석해보면, 그들은 생태적이면서 영성적인 선생들이었다. 또한 그들은 삶과 죽음과 사랑을 통일된 것으로 보고 그것들을 수용하는 자세를 보였다.

　　　　　　　　　•

　그러나 모든 가치가 이익과 실용성 하나로 집중된 현대의 인간은 '후살이'가 인간에게 가져다줄 지혜와 대립된 삶을 살고 있다. 자기이익 실현에 최적화된 도구적 이성이 지시하는 대로 살아가는 문명 속에서, 몰가치적인 상태로, 자신이 익사한 주검인지도 모르는 삶을 살아가고 있다. 그러면 생명·평화 위기 시대에 우리가 회복해야만 하고 취해야 할 가치는 무엇이고, 그러한 사회적 가치 위에서 선생이 학생들의 자아성장을 돕기 위한 전략은 무엇이어야 하는가? 이제 교육이란 무엇인가를 물을 때가 왔다.

●

흔히 생물학적인 삶을 세속적인 것으로 치부하며 생태적이고 영성적인 삶을 좀 더 높은 차원으로 보는 경향이 있는 것 같다. 일정 부분은 맞지만, 생물학적인 삶이 꼭 저급하거나 버려야 할 것은 아니다. 아니 오히려 생명의 계속성이라는 차원에서 보면 '전살이'는 한 존재가 일차적으로 자신에게 주어진 역할을 수행하는 과정이다. '전살이'가 없이는 '후살이'가 존재할 수 없다. 먹고 자고 싸고 새끼 치고 노는, 그러한 행위들을 사회적으로 조직하고 표현하는 삶을 거치면서 자연의 순환체계에 자신을 맡기는 삶으로 이행할 근력이 생기기 때문이다.

따라서 '온살이'[56]란 인간 존재가 출생에서 자연스러운 죽음에 이르기까지를 다한 삶을 가리킨다. 여기서 '온'이란 개념은 '한 사이클'을 의미하기도 하고, 생태적 자연성의 원리에 따른 '제대로'라는 의미이기도 하다. 또한 '바람직한'이라는 개념이며 '충만한'이라는 개념이다.

---

56) 인간이 태어나서 자라며 학습하고, 그것을 토대로 실존적 삶을 살다가 자신의 삶을 성찰적으로 되돌아보고 생태적인, 영성적인 삶을 살다가 죽음을 맞이하는 전 삶의 과정을 나는 '온살이'(전살이+후살이)라 부른다.

·

　생태 · 평화 위기 시대의 교육을 '온살이 교육'으로 규정한다면, 그것은 한 인간 생명체가 자신의 삶 전 과정을 사회적 관계 안에서 자연성의 원리에 따라 제대로 바람직하게, 충만하게 이끌어 갈 수 있도록 돕는 행위로 정의할 수 있겠다.

　개념적 측면의 '온살이 교육'을 넘어 실제적인 측면에서 말한다면, '아이들이 자유로운 사람으로 성장하도록 돕는 것'으로 정의할 수 있겠다. 자유로운 사람이란, 개인적으로는 자립적이면서 사회적으로는 보편적인 가치를 추구하며 영성적인 삶에 다가서려는 사람을 말한다. '자립적'이란 삶과 죽음 그리고 사랑이 무엇인지를 개인적 차원에서 사상적으로 그리고 실천적으로 궁구한다는 뜻이다. 삶의 자립과 사랑의 자립 그리고 죽음의 자립을 위해 매진한다는 뜻이다. 보편적 가치를 추구한다는 것은 삶과 사랑과 죽음을 사회적인 측면에서 사상적으로 그리고 실천적으로 묻고 살아간다는 뜻이다. '영성적'이란 인간이 가진 자유의지에 비추어 볼 때 이기적인 욕망이나 허망한 욕심에 따른 선택을 할 수 있음에도 불구하고 무아적인 삶을 선택하는 것으로 볼 수 있겠다.

·

　이 책에서 나는 '선생이란 무엇인가'라는 화두를, 어설프지만 이리저리 뒤적거려보았다. 평생 그 질문을 스스로에게 던졌고 나름대로 선생에 대해 두 번에 걸쳐 책을 썼다. 『선생님, 당신은 어디 계십니까?』와 『선생으로 산다는 것은』. 그러나 또다시 나는 똑같은 질문 앞에 설 수밖에 없다. '여전히, 선생이란 무엇인가?' 그 이유는, 선생은 탄생하는 것이 아니라 되어져 가는 것이기 때문이다.

부록

문명의 전환과 새로운 교학의 필요성

직접민주주의마을공화국 마을대학 설립과 운영을 중심으로

들어가는 말

．

거세게 타올랐던 2016년 겨울 '촛불항쟁'의 불꽃이 수구보수 정권의 출현으로 거의 꺼져가고 있다. 촛불혁명의 성과를 고스란히 물려받은 문재인 정권의 무능과 이중성으로 촛불이 맡긴 권력을 빼앗겨 더 이상 개혁정책을 펼칠 수 없는 상황이 되었기 때문이다. 하지만 더욱 근본적으로는 대의제 민주정치의 한계로 인해 혁명의 주체세력인 시민이 집권의 주체가 되지 못하고 정당권력이 일방적으로 권력을 장악한 데서 오는 역사적 필연이다.

역사적으로 볼 때 저항과 혁명의 주체가 집권의 주체가 되기 위해서는 개인의식 혹은 공동체의식이 선행되어야 한다. 인류의 의식은 집단의식에서 개인의식을 거쳐 공동체의식의 순서로 발달해 왔다. 집단의식 속에서는 전체의 통일된 생각이나 행동양식이 윤리적 우선성을 인정받았고, 그것을 기준으로 개인의 윤리가 용인되었다. 따라서 전체로서의 개체는 유의미하지만 그 역은 집단을 해치는 것으로 치부되었다.

근대성은 의식에 있어서 스스로 생각하고, 판단하고, 결정하고, 실행하고, 평가하는 주체로서의 개인을 역사의 무대에 등장시켰다.

개인의식의 출현은 집단의식, 즉 혈통이나 가계, 가족이나 지역, 민족이나 국가 등의 생각이 개인의 생각에 덜 영향을 끼치게 됨을 의미한다. 집단의식은 겉으로 보기에는 공동체의식과 사뭇 유사하지만, 그 둘은 엄연히 내용이 다르다. 개인의식을 경험한 후에 개인주의의 한계를 깨닫고 개인을 포함하되 넘어서는 단계가 공동체의식이기 때문이다.

물론 이런 의식들의 출현은 순차적이었지만 그렇다고 해서 현재 세계 모두가 마지막에 출현한 공동체의식의 단계에 도달해 있다는 말은 아니다. 세계 어느 곳에서는 여전히 집단의식이 강력한 영향력을 발휘하고 있고, 어떤 지역에서는 개인의식이 일반적으로 통용되고 있다. 간혹 공동체의식이 발달하여 그 사회의 주류 의식으로 작동되는 곳도 있다. 그리고 이런 의식들은 어느 특정 의식이 주류로 유통되느냐의 문제이지 그 사회 모두가 어느 하나의 특정 의식 단계로 통일되어 있는 것도 아니다.

집단의식 단계에 머물고 있는 나라들과 개인이 출현한 나라들의 혁명 전통에는 많은 차이가 있다. 프랑스를 중심으로 하는 서구는, 개인의 출현과 근대화의 성공에 힘입어 시대적 모순에 직면한 혁명의 주체세력이 당대 권력(앙시앙 레짐)을 타도하거나 혹은 당대 체제를 부정하고 새로운 권력 혹은 새로운 체제를 구축해 왔다. 그러나 중국, 우리나라 등 전근대사회의 농민봉기나 근현대사회에서의 시민혁명은 당대 권력의 모순에 저항하거나 부인하여 당대 권

력이 자기 수정을 하게 하거나 붕괴되게 했지만 혁명 이후 권력의 대안세력으로 나서지는 못했다.[57]

한국 현대사를 짧게 살펴보아도 그 사실을 금방 확인할 수 있다. 4·19혁명, 6·10항쟁, 2016겨울항쟁 모두 수구·보수 세력의 반동정치에 대한 학생·시민 중심의 혁명이었다. 하지만 혁명의 열매를 수확해간 것은 학생·시민이 아니라 수구·보수 세력의 대립항(위치)에 서 있던 자칭 개혁·진보(민주당) 세력이었다. 그들은 수구·보수 세력에 비해 정치의 영역에서만 상대적으로 개혁·진보일 뿐이었지 사회·경제적 측면에서는 수구·보수 세력과 특권을 공유해온 반민중적 세력에 지나지 않았다.

이런 상황에서 그나마 다행스러운 것은 '촛불혁명'을 전후로 강남 좌·우파로 불리는 그들에게 더 이상 권력을 독점케 해서는 안 된다는 생각이 공유되기 시작했다는 점이다. 그리고 그에 대한 대안으로 직접민주주의마을공화국 건설의 필요성이 공감을 얻어가고 있고, 직접민주주의공화국의 구체적 실현 형태를 지역정당운동에서 찾고 있다. 직접민주주의공화국은 전국 3,500여 개의 읍·면·동 마을공화국 지역당연합국가를 의미한다. 마을공화국의 운영은 각 지역에서 주민들이 직접 뽑은 집행부(읍·면·동장)와 민회

---

57) 조선시대 이후 우리나라 사람들의 의식 발달 과정은 주나라에서 확립된 천명사상을 탈피해온 과정으로 볼 수 있다. 양란 이후에는 그것이 평민의식으로, 19세기 세도정치 이후에는 민중의식으로, 1987년 6월 항쟁 이후에는 시민의식으로 확대 발전된다.

(마을의회) 그리고 마을교육과 마을금융 등을 통해 자치활동을 펼쳐나가는 것을 골자로 한다.

그러나 직접민주주의마을공화국 건설운동이 시작된 지금, 우리가 극복해 가야 할 산이 정치시스템 교체(대의제 민주주의→직접민주주의) 말고도 세계적 규모의 과제 몇 개가 더 있다. 그것은 기후위기와 팬데믹 등 생태 문제,[58] 신자유주의 준동과 기계인간의 출현에 따른 위험성, 근대교육을 떠받쳐온 학제(6-3-3-4) 등이다. 하나같이 대안이 만만치 않은 것이라서 과연 인류가 그것들을 넘어갈 수 있을지 회의가 들기도 하지만 마을공화국 건설을 꿈꾸는 우리 입장에서는 국내외적인 모든 모순들에 대한 대책을 동시에 그리고 각 영역에서 마련할 수밖에 없다. 본 글에서는 교학의 영역에서 신문명으로의 전환에 걸맞은 대안교학양식이 무엇일지에 대해 하나의 단초를 엿보고자 한다.

1. 문명의 전환과 새로운 교학의 필요성

'대전환'이라는 말이 온 세계의 화두가 되었다. 인간의 삶을 구성하고 있는 모든 분야(환경, 정치, 경제, 사회, 문화, 교육 등)에서 기존

---

58) 생태 문제는 주로 일곱 가지가 거론된다: 환경오염(도시화와 공업화로 인한), 환경파괴, 자원고갈, 생명산업(G.M.O 등), 인구증가, 기후변화(지구온난화), 환경폐기물

산업문명의 생활양식을 포함하되 뛰어넘는 차원의 신문명 재구성, 재조직화가 절실히 필요한 시대가 된 것이다.

인류 역사에서 대전환은 크게 네 번에 걸쳐 발생했다. 대전환이 출현한 과정을 살펴보면, 그 과정 과정마다 반드시 기술의 발달과 그에 따른 생산양식과 윤리가 확립되었음을 알 수 있다.[59] 뒤이어 생산양식을 뒷받침하기 위한 사회·정치 체제가 만들어지고, 그 체제를 지탱하기 위한 교학체계가 확립되었다.

문명과 정치체제 및 교학활동의 대전환을 간략하게 살펴보면, 언어의 발생부터 초기농업 수준의 모계 중심 사회에서의 생활교육 → 농업문명에 따른 노예노동에 기반한 가부장적 왕권국가에서의 지배 엘리트 교육 → 산업문명을 뒷받침하기 위한 대의제민주정치에서의 보통교육 → 디아·생태문명을 지탱할 직접민주주의체제에서의 학습자 중심 교학활동의 요청이 바로 그것이다.(표1.참조)

〈 표1. 교학의 대전환 〉

문명	시기	생산양식	생산관계	정치	교학활동
언어발생[60] ~초기 농업 시대	B.C 4만년 ~	원시공산 사회	공동 노동, 공동분배	모계 중심	생활 즉 교육

59) 후안 엔리케스, 이경식 역, 『무엇이 옳은가?』, 세계사컨텐츠그룹, 2022, p18

농업문명~	B.C 5,000 년~	농업사회	귀족 vs 노예, 상민	왕권국가, 봉건체제	신분에 따른 지배엘리트 교육
산업문명~	18C~	자본주의 사회	자본가 vs 노동자	대의제 민주정치	보통교육(6-3-3-4 제)
디아 · 생태 문명	21C~	소유경제 공유경제	생산자 이면서 소 비자	직접민주 정치, 지역당연 합국가	학습자 중심의 교학활동

1.1 문명의 변천과정[61]에 따른 교학활동의 변화

역사상 첫 번째 문명전환은 언어가 발생하면서 인간의 사유가 조직화된 사건이다. 직립보행은 생체 구조적 측면에서 인간과 동물이 구분되는 계기가 되었지만, 그것만으로 인간을 다른 동물과 구분하여 보기에는 한계가 있었다. 그런 가운데 불의 사용은 인간의 지능을 비약적으로 발달시켰고 언어 발생을 가능케 했다. 언어는 인간 자신이 존재하고 사멸하는 존재라는 것을 자각하게 하였고,

---

60) 토르 얀손(Tore Janson)은 고고학적 유물을 통해 인류의 사회상을 살피고, 과거 인류의 턱뼈나 두개골에서 해부학적 특징을 검토해 언어의 탄생 시기를 추측했다. 지금으로부터 4만여 년 전 인류는 돌이나 뼈 등에 각종 그림과 무늬를 새기며 자신을 표현했고 해부학적으로도 현생 인류와 동일했기 때문에 적어도 이때에는 언어가 있었을 것이라 추측한다. (토르 얀손, 서순승 역, 『언어의 역사』, 한울아카데미, 2019, p22)

61) 김창수, 『지혜를 찾는 교육』, 「생태문명의 발현 시기에서 본 인류 문명의 변천사」, p225~229 부분 요약, 2013. 현자의 마을

인간은 언어 사용을 통해 의사소통의 혼란에서 벗어나 문화의 공통성을 형성해 갈 도구를 갖게 되었다. 그러나 이때의 인류는 자연에 예속된 존재에 지나지 않았기 때문에 자연에 큰 위해를 가할 능력도 의도도 가질 수가 없었다. 이때의 교학은 '생활이 즉 교학활동'이었다.

두 번째 이행은 인류가 농사를 짓기 시작한 것을 들 수 있다. 인류는 농경을 시작으로 떠돌이생활을 청산하고 정착생활을 시작한다. 농업혁명이라 불리는 '신석기혁명'은 인류사에 있어서 본격적인 문명의 시작을 의미한다. 농업의 시작은 인간이 자연을 자신의 의도에 적합하게 이용할 가능성은 열어주었지만 인류는 여전히 자연의 자정 능력 안에서 존재하게 된다.

농업혁명 이후 인류는 도시를 건설하고 국가를 탄생시키는 과정에서 신분제 사회를 만들어낸다. 그리고 그 체제를 유지하기 위해 지배 엘리트 그룹 양성을 위한 초보적인 교육제도를 도입한다. 물론 이때의 교육제도는 근대식 대량생산에 적합한 보통교육과는 거리가 먼 것이었다.

세 번째 전환은 산업문명의 출현이다. 근대사회에서 강조된 인간의 능력은 주체성과 이성이었다. 주체성과 이성은 개인의 발견과 더불어 대의제 민주주의를 출현시켰다. 그리고 이성에 기반한 근대 계몽사상은 신분해방과 성해방 그리고 질병으로부터의 해방, 평균수명의 연장 등 수많은 이익을 인류에게 가져다주었다. 그런데 이때의 이성 즉, 언어·논리적, 과학·수학적(episteme), 기술적·도구적 이성(techne)은 자연을 인간의 목적 달성을 위한 수단과 도구로만 보는 자연지배주의적 세계관에 토대를 둔 것이었다. 따라서 근대 이성은 과학기술의 발달을 촉진하여 산업혁명을 가져오는 데 결정적 역할을 했지만 그 결과가 지금 우리가 겪고 있는 자연으로부터의 역습인 생태문제 즉, 환경재앙이다.

교육이라는 측면에서 바라볼 때 근대사회는 전근대사회까지 실행되었던 초보적 교육활동이나 제도를 넘어서서 본격적 학제에 입각한 초중고대의 보편적 교육제도를 만들어내었다.

이제 인류는 네 번째의 혼돈 가운데 서 있다. 우리는 지금 '정보사회' '후기산업사회' '포스트모던사회' 등 여러 가지로 표현되는 '그 어떤 변화'의 와중에 서 있다. 그런데 여기에는 상충된 두 개의 상황이 대립하고 있다. 그 기원은 산업문명과 인간의 욕망에서 야기된 것들이다. 현재 우리는 과학기술의 눈부신 발전에 힘입어 '정보통신사회' '4차산업혁명시대' '인공지능시대'라 불리는 전환 앞에 서 있다. 더불어 '생태위기시대' '지구온난화시대' '기계인간시대' '팬데믹시대' 등으로 표현되는 생태위기 앞에 서 있기도 하다. 산업혁명의 후과를 계승한 현대문명이 이 양자를 슬기롭게 조화시킬 수 있을까에 대한 회의적인 목소리가 세계 도처에서 들린다. 그럼에도 불구하고 우리가 주목해야 하는 핵심 담론은 '생태문명'의 구축일 수밖에 없고, '생태직접민주주의문명'의 구축을 위해 필요한 교학체계의 구축과 실행을 해내는 일이다.

1.2 교학 대전환의 필요성

디아·생태문명은 디아문명(디지털+아날로그 융합문명)과 생태문명의 융합문명으로서 각기 다른 영역이면서도 융합되어야 할 영역으로 보는 것이 현실적일 것이다. 디아·생태문명은 과학적·기술적 생산양식의 변화라는 측면에서 현재 세계에서 그 내용과 기능을 확대해가고 있고, 생태문명은 지구온난화로 대표되는 생태위기 시대에 전 지구적인 전면적 차원의 대안을 내와야 할 과제로 요청받고 있다.

디아문명이란 현실의 아톰(Atom) 세계와 가상의 온라인 비트(Bit) 세계의 결합, 융합, 상호작용이 만들어가는 세계를 일컫는다. 사실상 아톰 세계를 비트 세계 속으로 집어넣으려는 시도가 가속화되고 있다. 교학의 영역에서는 교학의 장과 내용 및 교사를 비트 세계에 재현(유튜브 등)하고, 거기에 아바타를 투입하여 프로그램을 진행하는 쪽으로 방향을 잡아가고 있다.

생태문명의 필요성은 현재 우리가 직면하고 있는 세계적 차원의 '기후위기'만으로 그 필요성이 정당성을 확보하기에 충분하다. 기후위기는 18세기 산업혁명을 시작으로 오늘날의 디아문명시대에 이르기까지 인류가 대기 중에 배출한 온실가스가 누적되면서 발생한 지구온난화 현상의 결과로 보인다. 이러한 상황에서 기존의 교학체제는 대전환을 맞이해야만 하고 실제로 맞이하고 있다. 그럼에도 우리나라 공교육 체제는 기존의 근대식 공교육 체제 고수 내지 보완을 통해 그러한 대전환을 대체하려고 하는 우를 범하고 있다.

근대식 교육제도[62]는 두 가지 요인에 의해 형성되었다. 그것은 산업혁명에 필요한 산업노동력 확보와 프랑스혁명 등에서 나타난 시민들의 혁명성 억압을 위한 국민교육의 필요성이다. 생산성은 고양시키되 개인의식을 억압하여 체제 순응적인 시민 내지 국민 양성이 근대교육의 목표가 된 것이다.

이러한 교육제도에 대항하여 20세기 중후반부터 파울로 프레이나 이반 일리치 등은 "학교 교육은 사회적 계급의식과 계급질서를 재생산하고 사회적 위계체제를 합리화하기 때문에 폐지되거나 학교 밖의 교육이 필요하다"라는 주장을 펼쳤다. 그러나 신자유주의 이데올로기가 온 지구를 뒤덮고 있고 팬데믹 등이 창궐하고 있는 요즘에는 또 다른 이유로 학교폐지론 내지 무용론이 나오고 있다.

전통적으로 학교폐지론이나 탈학교론이 분배적 정의나 정치 참여의 기회를 평등하게 실현하기 위해 나온 주장들이었다면, 현재의 학교무용론 내지 학교밖교학론은 근대적 교육제도의 근본적인 한계 때문이다. 근대식 학교제도의 출발 목적 자체가 불온한 면이 있

---

62) 지금까지 세계는 근대식 교육제도가 태초부터 존재해 온 것처럼, 불변적이며 항구적일 것이라 생각해왔지만 근대식 학교제도의 기원은 몇백 년에 불과하다. 근대 이전까지 세계는 각 집단이 필요로 하는 지배인력 양성에 부응하는 교육제도를 부분적으로 시행했을 뿐이다.

었을 뿐만 아니라 다품종 소량생산 체제에는 부적합하다는 것이 탈학교론이나 학교해체론의 주장이다. 포스트모더니즘은 다양성, 상호주체성, 상대주의, 통합적비조망주의(지배적 관점은 없다), 타자적 사고 등을 특징으로 하는데, 근대적 단일교육 시스템으로는 도저히 현재 세계를 담아낼 수 없다, 라는 주장을 편다.

또한 언어·논리적, 과학·수학적, 기술·도구적 이성에 입각한 근대적 교육제도는 인간 능력의 한쪽(좌뇌형)만을 중시하고, 그러한 능력의 획득 정도에 따른 보상체계를 만들어내었기 때문에 교육제도 자체가 분리와 차별과 배제를 내포하고 있었다. 그것은 합리적이고 분석적이며 부분에서 전체로의 선형적인 정보처리를 잘하는 좌뇌형 인간들에게 절대적으로 유리한 교육시스템이었지만 창조적이고 직관적이며 통합적 사고를 하는 우뇌형 인간들에게는 절대적으로 불리한 교육제도였다. 따라서 4차산업 시대에 접어든 새로운 디아문명 시대에는 이러한 좌뇌 존중의 교육도 필요하지만 우뇌형 인간들도 동일한 존중과 평가를 받을 수 있는 교학체계를 마련해야만 한다. 또한 생태위기와 직접민주주의의 확대와 심화를 위해서도 새로운 교학체제가 절실히 요청된다.

2. 새 문명 새 시대의 교학

〈 표2. 교학의 변천과정 〉

교학의 구분	전근대교육	근 · 현대교육	새문명 새시대 교학
사회 분류	전근대사회	근대사회	탈근대사회 (팬데믹 · AI사회)
계기	신석기혁명 농업문명	산업혁명 프랑스혁명	디아문명(4차산업혁명, 코로나 사태, AI 출현, 기후변화)
정치 체제	전제군주제 신분제	근대민주주의 대의제	생태민주주의 대의제+직접민주주의
사회 형태	집단 중심	개인 중심	개인+공동체 중심
유지 수단	집단의 계율	법, 제도, 시스템	+아나키즘적 자율적 통제
역사적 상황	전통적 위기[63]	전통적 위기	전통적 위기+현대적 위기[64]
사회성 함양	가족과 마을	학교와 사회	가족과 마을, 학교와 사회, 활동 그룹(직업, 전공, 취미, 기술, 기능, 공동선 등을 통한)
교학 주도	가문과 마을, 국가	국가와 자본	공동체 혹은 학습자 본인
교학 공간	마을과 지역	국가와 세계	마을과 지역, 국가와 세계, 가상 공간, 다중 학습 공간
장소	고정된 터와 간헐적 이동	고정된 터와 간헐적 이동	고정된 터, 움직이는 학교, 끊임없는 재조직화
학습 형태	훈육	교육과 거기에 따른 학습	교학(교학상장)과 교학에 따른 학습, 연구

---

63) 전통적 위기: 차별, 빈곤, 질병, 전쟁, 폭력과 갈등(국가, 계급, 인종, 피부색, 성, 지역, 세대 등)
64) 현대적 위기: 전통적 위기+생태 위기, 기계인간 위기, 팬데믹 위기, 신자유주의 위기, 평화 위기 등

목표	집단 유지와 재생산	산업노동력 확보 대의제에 적합한 시민양성	개인의 자유 신장과 생태공동체성 함양
인간형	집단형 인간	국민형, 자본형 인간	성찰적 지성인, 생태공동체인
요구 덕목	복종	무비판적, 순종적 성실성	창의력, 응용력, 융·복합능력
학습의 중점 내용[65]	집단 인성 함양	논리·언어 능력 수학·과학적 능력 기술·도구적 지식 능력 +기술과 기능 훈련	+공동체성 함양, 생명존중 평화와 인권 존중 사상
선생 명칭	스승, 훈장	교사	스승, 교사, 선생 등
선생 역할	사표(교행일치) with teaching	지식전달자 separate from teaching	지식전달자, 상담자, 가이드, 코디네이터, 퍼실리테이터, 멘토, 코치, 길벗, 머슴 beyond teaching
학제	혼합주의	분리주의	혼합주의, 분리주의, 복합주의 등의 다양화
학령	연령 차 인정	동일 연령대	다양화(수평적, 수직적)

    위의 표는 직접민주주의마을공화국 교학운동의 밑그림 자료로 활용하기 위해 전근대와 근·현대 그리고 새 문명 새 시대 교학의 특성과 차이를 비교한 것이다. 표를 가로로 읽어 가면 각 시대에 따른 교학활동의 내용들이 변화해 왔음을 알 수 있을 것이다.

---

65) 근·현대 교육은 교육과정 자체가 좌뇌형 인간이 공부를 잘하게 편성되었다.

3. 마을교학

3.1 마을의 개념과 범주

2021년 3월 양평에서 열린 '직접민주주의마을공화국준비위원회' 발족식에서 우리는 정관 채택을 통해서 '마을'을 공화국을 구성하는 최소단위로 선포했다. 그때 우리는 마을공화국을 구상하고, 실행 모델을 개발하고, 그것을 확산시키기 위해서는 먼저 '마을'의 개념 규정이 선행되어야 한다고 생각했다. 이때의 '마을'은 전국 3,500여 개의 읍면동 행정구역 단위를 염두에 둔 것이다. 우리가 마을을 행정구역 단위로 설정한 것은, 현재 우리나라의 경우만 해도 도시화율이 90% 이상인데 전통적인 마을만을 상정하고 마을공화국운동을 전개하기에는 부합하지 않는 면이 많다고 생각했기 때문이다.

전통적 마을은 '주로 시골에서 여러 집이 모여 사는 곳'(네이버)을 의미한다. 따라서 우리는 마을을 공동체적 성격을 띤 전통적인 마을 개념을 포함하되 현대 직접민주주의 측면을 고려하여 행정구역상의 마을로 설정하는 것이 마땅하다고 여긴다. 마을을 점조직형태의 동호회 모임이나 학술 모임 등으로 규정하면 직접민주주의 마을공화국 건설의 기초가 흔들릴 수 있기 때문이다. 공간으로서의 마을, 행정구역으로서의 마을이 선행되고 동호회나 학술 모임 등의 마을이 많이 조성되면 될수록 마을을 풍성하게 하는 요소로 작동될 것이다.

3.2 마을교학

우리는 마을교학을 교학상장의 형태로 시행하고자 한다. 공자는 삼인행에 필유아사(三人行必有我師)라고 했다. 한유(韓愈)도 『고문진보』(古文眞寶) 후집 2권 「사설」(師說)에서 공자의 말을 인용해 교학상장의 중요성을 강조하고 있다. 교학상장은 서로가 서로에게 가르치면서 배우고, 배우면서 가르친다는 뜻 외에도 가르치기 위해 준비하면서 배움이 일어나고 가르치는 과정에서 배우기도 한다는 뜻도 포함한다.

인간은 잉태부터 죽음에 이르기까지 학습활동을 한다. 태아는 수정부터 체지각(體知覺)을 통해 초보적인 무의식적 감각활동을 시작한다. 수정 4개월쯤에는 와우(蝸牛) 발달을 통해 외부의 소리를 들을 수 있는 청지각(聽知覺)이 발달하게 된다. 따라서 태교는 아무리 일찍 시작해도 지나치지 않다. 예비 부모는 임신 전부터 자신들의 몸과 마음을 만들고 태아가 엄마 뱃속에서 건강하고 행복하게 자랄 수 있도록 여건을 조성해주어야 한다.

마을교학활동은 이러한 부모 사전 교학과 태아교육을 준비해갈 것이다. 임신과 출생 하나하나의 과정이 부모에게 생명의 신비와 기쁨을 배울 수 있는 계기가 되어야 할 것이기 때문이다. 이렇게 마을교학은 임신 준비와 태교를 거쳐 영유아부터 노인의 죽음에 이르기까지 지속될 수 있게 구성되어야 한다.

3.3 마을교학의 얼개

- 이념: 홍익인간 재세이화(弘益人間 在世理化)
- 목적: 호혜적 상생을 통해 온 존재가 자기 고유의 행복을 실현한다.
- 목표: 생명 · 평화공동체 의식 확립과 체화
- 인간상: 성찰적 지성인과 성찰적 장인, 성찰적 공동체인(비판적, 자율적, 자립적, 협력적, 생태적)
- 정체성: 3중 정체성-지구마을인, 연구 · 학습자, 협동조합원
- 자세: 탈주와 연결
- 학습: 교학상장(敎學相長) 형태
- 교학 구성: 마을공동체 전체의 공통 필수와 지역별 선택교과
- 교학 공간: 직접민주주의마을교학 플랫폼(온 · 오프라인)과 권역별 플랫폼(온 · 오프라인), 각 마을학당
- 교학 주체: 학당 구성원 모두
- 교학 기간: 잉태에서 무덤까지
- 연대와 협력: 각 지역 학당 간에 움직이는 교학역량 교류와 지원(선생, 학생, 교학과정, 교학도구, 교학 터, 교학은행 등)
- 이념학제위원회: 마을공화국 전체와 단위별 학당에 교학 이념과 목표 정합성 점검

3.4 대상별 마을교학 과정

〈 표3. 마을학당 대상과 교학 내용 〉

구분	연령	형태	내용
영·유아, 유치	0~6세	보육과 양육과정	놀이, 공작활동
시민공통 과정	초1~초6	교육과정	체력 배양, 긍정적 사고, 사회성과 공동체성 함양, 언어와 역사
	중1~중3	교학과정	자기정체성 찾기, 침묵과 경청 훈련, 대화법과 관계 훈련
마을대학 과정	청년 (고1~ 60세)	교학과 독학과정	전문성 획득, 생활교학
	신중년, 노인 (60세~)	교학과 독학과정	자기성찰, 경청, 침묵, 방장 되기, 헌신, 죽음
	가족구성 지향자 (20세~)	교학과정	1. 사회적 가정: 입양, 동성, 재혼, 난민 2. 혼인 가정: 부부 되기, 부모 되기, 사랑, 결혼, 임신, 태교, 출산, 양육, 교육

*영·유아, 유치원 교육(0~6세): 보육과 양육 과정–놀이, 공작 활동

*시민공통교육과정: 교육과정

1부 초1~초 6학년: 체력 배양, 긍정적 사고, 언어와 역사, 사회성과 공동체성 함양

2부 중학생: 자기정체성 찾기, 침묵과 경청 훈련, 대화법과 관계 훈련

*마을대학과정: 교학과정

1부 청년(고1~60세): 전문성 획득, 생활교학

2부 신중년 및 노인(60세 이상~): 자기성찰, 경청, 침묵, 방장(좌
　　장) 되기

3부 가정과정(20세~): 부부, 부모 되기(사랑, 결혼, 임신, 태교, 출산,
　　양육, 교육

4. 마을대학의 운영: 모두가 학생, 모두가 선생!

4.1 대안교육과 마을교학의 합류

산업사회에서 우리나라 교육은 '인간 행동의 계획적 변화'라고
하는 공학적인 것이었다. 거기에 대항하는 대안교육운동은 기존의
공교육에 대한 대항적 정체성을 띠고 1995년에 출발했다. 획일적
이고 지배주의적이며 타율적으로 강제되고 있던 교육현장에 대해
다양성을 존중하고 관계지향적이며 자율성을 강화하는 교육을 주
장하는 것만으로도 대안교육운동에 대한 사회적 반향은 실로 어마
어마했다. 대안학교들은 이러한 시대적 요청에 응답하는 형태로
1998년부터 설립되었고, 대안교육운동 차원에서 보면 1세대 대안
학교에 속한다고 보아도 무방할 것 같다.

이러한 대항적 대안교육운동이 새로운 변화를 모색하게 된 것은

대항적 대안교육운동만을 가지고는 더 이상 자기 유지가 어렵게 되면서부터이다. 스스로 자기의 고유한 내용과 형식을 가져야만 하는 상황이 도래한 것이다. 물론 초창기부터 대안교육운동은 생태교육 등에서 자기 내용이 없지는 않았다. 여기서 대안학교들은 광주 지혜학교처럼 철학·인문학·영성에 기반한 자기만의 고유한 내용과 색깔을 띤 교육을 시도하게 된다. 그러나 이때에도 여전히 공교육 시스템(초·중·고·대의 6-3-3-4제도)의 시대착오적인 면에 주목하여 그것의 해체와 재구성까지 주장하는 데에는 한계를 가졌다. '새 술을 만들어 새 부대에' 넣었어야 했는데 '대안교육이라는 새로운 내용'의 새 술을 만들어 헌 부대 즉, 기존 공교육의 초·중·고·대 학제의 틀 안에 집어넣는 오류를 범한 것이다.

이제 다시 대안교육운동은 새로운 변화를 요구받고 있다. 그것은 대항을 넘어서, 자기의 고유한 정체성 확보를 포월하며, 가부장문화의 유산인 위계적 교육구조를 허물고 나아가 생명평화문명을 일구는 토대를 만드는 것이다. 이 지점에서 새로운 대안교육운동은 기존의 대안교육운동이 이미 확보한 자율과 자치(형식), 자기 고유한 정체성(내용)을 유지 발전시키면서 '제천간디학교'처럼 마을운동과 결합을 시도하거나 마을교학과 마을대학 및 연구소와 만날 수 있는 접점을 발견하게 된다. 기존의 학제 해체와 더불어 대안교육도 마을교학으로 진화의 방향을 잡아가고 있는 것이다.

4.2 마을대학

마을대학은 마을교학의 한 과정에 속한다. 그러면서도 마을교학 활동의 연속선상에 놓여 있다. 우리가 마을교학 중에서 마을대학에 우선 주목하는 것은 직접민주주의 운동의 주력이 마을대학에 속한 세대들이라는 점에 있다. 마을공동체 건설에 있어서 우리가 먼저 준비가 되어야 하는데 그것을 이루어가는 데 도움이 될 수 있는 학습장이 마을대학이기 때문에 우리는 마을대학을 먼저 상정하는 것이다. 마을대학이 어느 정도 자리를 잡고 나머지 마을교학 과정을 펼칠 역량이 되면 점차 확대 편성해가면 좋을 것이다.

마을대학의 주체는 단위별 각 마을공화국 마을대학과 마을공화국 전국교학네트워크가 될 것이다. 그리고 마을대학의 교학 대상은 청년과 신중년 및 노인 그리고 가족구성 지향자이다. 현행 학제 하에서 고등학교와 대학교는 사실상 그 수명을 다했다고 보인다. 물론 학교교육 무용론이 학습활동 자체를 부정하는 것은 아니다. 고1 이상의 연령에게는 연구활동이나 스스로 학습활동 그리고 더불어 학습활동이 필요하지 더 이상 학제 안에서 교육을 받을 하등의 이유가 없어 보인다는 말이다.

시민공통과정으로서 그 이하 세대의 교육은 필요하다. 그 이유는 아이들이 한 사회나 국가의 일원으로서 정체성과 덕성 함양, 체력 단련과 관계 능력 향상, 놀이와 문화능력 증진, 침묵과 경청(중학생의 경우) 등을 배우고 익혀야 하기 때문이다.

마을대학과정은 청년과 노인 그리고 가족 구성 지향자[66]에게 필요하다. 청년에게는 생업활동을 위한 전문성 획득 및 생활교학 준비와 보완 과정이 될 것이고 노인에게는 자기성찰, 경청, 침묵, 방장 되기, 죽음 수용 과정으로 그리고 가족 구성 지향자에게는 부부 되기, 부모 되기, 사랑, 결혼, 임신, 태교, 출산, 양육, 교육, 사회적 가정 꾸리기 등의 과정이 될 것이다.

마을대학의 학제는 수강과정(평생교육)과 대학과정 그리고 박사과정으로 구성하는 것이 좋을 듯하다. 여기서 대학과정은 수강과정을 거치면서 일정 학점 이상이 된 사람을 인정하는 제도이고 박사과정은 어떤 분야에서 뛰어난 능력을 발휘하면서도 인격적으로 성숙한 사람들에게 부여하는 P.B.D.(practicee base doctor) 제도를 말한다.

마을대학에서 학습활동은 교학상장으로 이루어진다. 인간의 존엄성의 시작은 자존감에서부터 나온다. 그런데 언어 · 논리적 이성, 과학 · 수학적, 기술 · 도구적 이성에 입각한 근대적 교육제도는 인간을 이분법적 우열로 나누었다. 국가가 설치한 학제의 사다리를 누가 더 높이 그리고 많이 밟았느냐에 따라 인간의 우열이 갈리게 만들어진 제도인 것이다.

그러나 학습이란 언제 어디서건 이루어지는 현상이다. 수학과학

---

66) 여기서 청년은 고1부터 60세까지를 말하고 노인은 60세 이상 그리고 가족구성 지향자는 결혼을 하려 하거나 사회적 가족을 구성하려는 사람을 일컫는다.

을 잘하는 사람이 인간을 품어내는 능력에서는 훨씬 뒤질 수 있고 언어논리 능력이 발달한 사람이 꼭 도덕성에서 뛰어나란 법은 없다. 생태민주주의 문명에서 요청하고 있는 덕목은 상상력과 창의성, 응용력과 융·복합능력 그리고 관계력과 상생력이다. 이런 전제 하에 마을교학 활동에서는 '구성원 모두 각자가 잘하는 것과 못하는 것이 있다'라는 사실을 근거로 모두가 부족한 면은 배워서 채우고 남은 능력은 나누면서 펼치는 교학상장의 원칙이 무엇보다도 중요하다. 그래야 누구나 자존감을 가지고 살아갈 수 있다.

마을대학 교학과정은 필수과정과 선택과정으로 한다. 필수과정은 마을 구성원들이 함께 지녀야 할 정체성 과목으로 '마을공화국 길라잡이', 생태위기에 대한 대안 마련과 실천을 위한 '생태입문', 서로 협력하며 살아내기 위한 '협동조합론', 마을사람 상호 간의 갈등과 분쟁 관리와 해소를 위한 '회복적 정의'나 '회복적 서클', 춤추며 노는 문화를 만들기 위한 '풍류', 가족을 구성하려고 하거나 가정을 행복하게 이끌어가기 위한 '가정학'[67], 어려움에 처한 가족과 이웃들을 돕기 위한 '돌봄' 교과와 과학기술을 실제 생활에 활용할 수 있는 능력을 개발하는 '과학기술활용법' 등 8개 과목으로 하고 나머지 선택과정은 각 마을단위에서 필요한 것들을 자체적으로 선택하면 될 것이다. 선택과목의 경우 각 마을대학에 특화된 교과가 하나 이상 있으면 좋을 것이다. 그래야 단위 마을대학에 부족하고

---

67) 표2, 가정구성 지향자 과정 참조

남는 역량들을 교환 · 교류할 수 있기 때문이다.

〈 표4. 마을대학 과정과 운영 〉

명칭	직접민주주의마을공화국 마을대학		
세부명칭	직접민주주의 마을공화국 마을대학본부		
	광역별 마을대학: ○○○○지부		
	각 지역별 마을대학: ○○○대학(고유명사 사용 가능)		
관리 주체	각 마을대학과 마을공화국 전국교학네트워크		
교학 공간	온라인, 마을·행정사무실, 회관, 도서관, 공원, 과학관, 여타 교육시설 활용		
학교 형태	고정된 학교 및 움직이는 학교		
학교 단위	행정공간 중심(읍면동), 독립공간 중심(공동체), 특정 기능 중심		
목표	마을공화국 운영역량 확보		
운영원칙	교학상장		
방법	각 마을이 확보한 역량, 필요한 역량은 교환		
학제	수강생 과정	학점 은행제 실행	
	대학 과정	본부의 필수과정과 각 학당의 선택 과정 이수	
	박사과정(P.B.D.)	석박사 통합과정(교수요원 양성)	
운영지원	전국마을대학본부에서 전국의 교학역량 파악, 교류, 협력, 지원, 정보제공		학당별, 개인별 이동학습 권 보장

재정	1. 자체 조달: 각 마을공화국, 수익사업	
	2. 외부 조달: 정부지원(행자부 등), 교학은행설립(재능, 후원, 인프라, 기자재)	
교수요원 연수	전국 플랫폼, 권역별 거점 대학이나 마을	연구기관이나 기존 대안대학
교학분야	필수 8과목: 최소화의 원칙	선택:각 마을에 필요 교과 채택
	마공길라잡이(정치와 사상) 생태학 협동조합론(경제) 갈등과 분쟁 관리와 해소(사회) 풍류(문화) 가정학 돌봄(care and prevention) 과학기술활용법(토딩,AI활용법 등)	1개 이상 특화 과목(명품, 명인 양성) 자기 마을대학 교수요원 양성 모두가 교수요원이 될 수 있게 함

끝으로 마을대학 재정은 자체 조달과 외부 조달로 마련한다. 자체 조달은 마을공화국의 수익사업을 통해서 하고 외부 지원은 정부 지원과 마을교학은행을 통해 접근하도록 노력해야 한다. 마을교학은행은 재능기부, 후원, 교학인프라 제공, 교학 기자재 등을 접수하고 관리하는 일을 하도록 하면 된다.

나오는 말

·

인류는 지금 6차 대멸종 앞으로 성큼 다가가고 있다.[68] 지구온난화는 그 어떤 재앙보다 더 광범위하고 파괴적으로 지구생명체를 멸종시킬 위험 요인이 되었다. 그런데 아이러니하게도 환경재난과 더불어 개인의 자유와 자치를 넘어 지구공동체의식을 확보하려는 각성도 동시에 일어나고 있다. 지구의 운명은 산업화와 그 후과로 빚어진 환경재난과 병행하여 찾아온 지구공동체 의식 사이에서 결정될 것으로 추정된다. 그렇게 생각할 수 있는 근거는, 지구공동체 의식을 배양할 공간으로서의 마을교학운동이 세계 곳곳에서 벌어지고 있기 때문이다.

마을교학은 그러한 흐름에서 새 시대 교학의 모형으로 떠오르고 있다. 온·오프라인으로의 공간 확대와 실시간 소통이 가능한 지금 인류는 이제 연결하는 능력 증진을 통해 멸종이냐 지속 가능이냐가 판가름날 터인데, 이미 많이 늦었지만 그래도 생태문명 정신을 그 안에 내재한 마을교학에 기대를 걸어볼 수밖에 달리 뾰족한 수가 없어 보인다.

---

68) 데이비드 월러스 웰즈, 『2050거주불능지구』, 서문, 2020, 추수밭

새 문명은 새로운 시대정신과 새로운 제도와 문화를 요구한다. 그것은 변화된 문명에 적합하게 정치, 경제, 사회, 문화, 교육 등의 제 분야에서의 변화를 필연적으로 동반한다. 정치 영역에서의 대의제 대신 직접민주주의를, 경제 영역에서의 신자유주의 대신 협동조합 방식의 생산양식과 분배구조를, 사회영역에서의 관계능력 향상을 통한 화합을, 교육에서의 근대식 학교제도의 해체와 재구성 등이 바로 그것이다.

개혁이나 혁명은 너와 세계를 바꾸는 것이고 성찰이나 수행은 나와 우리를 변화시키는 것이다. 그런데 우리 사회의 개혁·진보 세력은 지금까지 너와 세계를 바꾸는 데 주력해온 공은 있지만 나와 우리를 변화시키려는 노력은 게을리하여 왔다. 자기성찰이 없는 인간에게 정의·부정의의 판단 기준은 주로 자기 자신이 된다. 그리고 정의·부정의의 판단 기준이 자신이나 마을일 때, 나는(우리는) 맞고 너는(너희는) 틀리게 된다. 그렇기 때문에 우리는 모이기만 하면 늘 싸웠다.

따라서 우리 마을공화국운동은 정치혁명이나 사회·경제 개혁을 통해 객관 세계와 문화를 변혁하려는 시도와 더불어 나와 우리를 변화시키려는 자기성찰적 태도를 겸행해야 할 것이다.[69] 그러기

---

69) 이 부분에 있어서는 홍천과 수유리에 소재한 '밝은누리'공동체를 살펴볼 필요가 있다. '밝은누리'는 공동체의 정체성에 혼란이 왔다고 판단되거나 하는 사업들이 공동체 정신에서 일탈되었다고 판단되면 공동체의 문을 닫아 걸고 1년이나 그 이상의 성찰 기간을 갖는다.

위해 마을교학과 마을대학은 너와 세계를 바꾸고 나와 우리를 변화시키려는 두 흐름을 한 흐름으로 합류시켜야 한다.